생기부
과학 필독서
40

필독서
시리즈
18

현직 고등학교 과학 선생님들이 직접 읽고 고른

MUST-READ FOR
SCIENCE AND ENGINEERING
COLLEGE

생기부
과학 필독서
40

★ ★ ★ ★ 방희조 × 이미경 × 문인정 × 신유재 지음 ★ ★ ★ ★

센시오

'생기부 필독서' 분야별 시리즈를 발간하며

매력적인 생기부를 만드는
가장 효과적인 방법은 단연코 '독서'다

《생기부 필독서 100》이 출간된 지도 약 1년이 지났습니다. 생각 이상으로 큰 사랑을 받아 지난 1년을 행복하게 보냈습니다. 그 사랑을 통해 학생과 학부모들이 생기부에 대해 얼마나 많은 관심을 갖고 있는지 알 수 있었습니다.

이러한 사랑은 또 다른 고민의 출발이기도 했습니다. 한 권에 모든 영역의 책을 넣으려 하다 보니 내용을 축약할 수밖에 없었고, 탐구 활동도 좀 더 풍성하게 담았으면 좋겠다는 아쉬움이 남았습니다. 이 책을 어떻게 활용해야 할지에 관한 질문도 많이 받았습니다. 그래서 교사들이 다시 뭉쳐서 영역별로 좀 더 자세히 책을 써보자는 논의를 하게 되었습니다.

지난 책에서도 강조했듯이 생기부 중에서도 '세부능력 및 특기사항(세특)', 특히 과목별 세부능력 및 특기사항(과세특)은 학종의 핵심이라고 해도 과언이 아닙니다. 그래서 과세특을 돋보이게 하기 위한 다양한 시도들이 실제 교육 현장에서 이루어지고 있는 것이 사실입니다. 모든 학교 현장에서는 과세특의 중요성을 절감하고, 교사와 학생들이 피나는 노력을 하고 있습니다. 이러한 추세 속에서 돋보이는 과세특을 완성하기 위해 '책을 활용하여 지식을 확장하자'라는 저희의 생각이 큰 호응을 얻었던 것 같습니다.

과세특은 교사의 재량하에 교과 교사가 수업을 통해서 했던 활동들, 수행평가 등과 연계하여 작성하게 됩니다. 가장 이상적인 과세특은 아마도 학생이 교과 수업 내용을 심화하고 확장해 나간 과정이 잘 녹아있는 형태일 것입니다. 이를 위한 다양한 방법 중 가장 효과적이고도 매력적으로 학생들이 자신을 어필할 수 있는 수단이 바로 독서입니다. 교과수업을 통해 생긴 다양한 의문점이나 더 알고 싶었던 내용을 자기주도적인 방법으로 확장하기 위해 관련 책을 찾아 읽고, 지식의 부족한 부분을 보충함으로써 스스로 성장해 나가는 모습을 보여주는 것이 과세특을 위한 가장 완벽한 시나리오라고 생각합니다.

지난 책에 이어 이번 책 역시 학생들이 독서 활동을 과세특과 잘 연결할 수 있도록 돕기 위해 쓰였습니다. 좀 더 깊이 있는 책 선정과 다양한 탐구 활동 소개로 학생들의 창의성 발현을 돕기 위해 노력하였습니다. 전공별이 아닌 인문사회, 과학, 수학으로 나누어 상세 가이드를 출간하는 것은 교과 심화 및 융합이 강조되는 요즘의 흐름을 반영한 것입니다. 지금 학문의 핵심은 '융합'입니다. 기존에 알고 있는 지식을 심화시켜 융합하는 것이 결국 창의성으로 연결됩니다. 이를 위해서는 교과를 심도 있게 이해하고 이를 다양한 교과와 연결 지어 생각해 보는 활동이 중요합니다. 자신의 진로에 한정된 독서 활동만 하는 것은 통합적 사고를 중시하는 지금 시대의 추세에 맞지 않습니다. '확장적 독서'가 꼭 필요한 이유입니다.

이 책에서 추천하는 책들을 참고하되 꼭 명심해야 할 것이 있습니다. 자신의 수준을 고려해야 한다는 점입니다. 무리해서 이해하기 힘든 어려운 책을 무작정 따라 읽는 것은 오히려 역효과를 불러옵니다. 추천 책을 바탕으로 자신의 수준에 맞는 책을 찾고, 이 책에서 제시한 탐구 활동들을 참고하여 심화 활동을 스스로 설계하는 것이 바람직합니다.

학생들이 '독서'로 자신만의 스토리를 확장해 나가고 대입 성공이라는 목표에 도달하는 여정에 이 책이 힘이 되면 좋겠습니다.

과학 선생님들이 조언하는
'과학 책, 생기부에 똑똑하게 활용하는 법'

《생기부 과학 필독서 40》을 만들기 위해 물리, 화학, 생명과학, 지구과학 선생님이 모였습니다. 네 명의 선생님은 모두 현직 고등학교 교사로 과학고, 영재고, 일반고에서 오래 근무하며 쌓은 경험과 노하우를 바탕으로 학생들의 생기부에 도움이 될 만한 책들을 고심하여 선정했습니다. 교실에서 이루어진 수업과 연구 활동, 담임으로서 진행했던 학급 특색 프로그램, 과학 행사 및 대회 지도 경험, 고3 입시 지도 경험 등을 그 안에 모두 녹여내고자 했습니다.

여기서 소개하는 필독서들은 교육과정과 연계되어 있으며, 한 권 한 권마다 깊이 있고 창의적인 후속활동으로 확장할 수 있도록 안내하고 있습니다. 이 책에서 제시한 후속 활동을 수행하는 과정이 힘들 수도 있고, 혹여 실수나 실패를 경험하게 될지도 모르겠습니다. 하지만 그 모든 과정을 통해 더 깊은 배움을 경험하고 성장하는, 의미 있는 시간이 되길 바랍니다.

책을 읽는 것, 책을 통해 궁금한 부분을 해소하는 것 자체가 이미 학습의 과정입니다. 이 책을 적절히 활용한다면 자기주도적으로 학습하는 것을 넘어 함께 나누고 소통하는 경험, 문제를 인식하고 해결하는 경험, 직접 기획하고 리더십을 발휘하는 경험을 하게 될 것입니다. 그 과정을 거치면서 자연스럽게 '차별화된 생기부'라는 결과를 얻게 되리라 생각합니다.

이 책을 효과적으로 활용하기 위한 몇 가지 당부를 덧붙이려 합니다. 가장 먼저 하고 싶은 말은 '우리 학교를 잘 알아야 실속 있는 후속 활동이 가능하다'는 것입니다. 학교에서는 다양한 행사와 프로그램들을 준비해서 학생들이 되도록 많은 것을 경험하고 재능을 펼칠 기회를 주고자 합니다. 이 책에서 제시한 후속 활동이 생기부에 기록되려면 수업 시간이나 학교 교육 계획에 따른 프로그램 내에서 수행해야 합니다. 따라서 이 책을 읽고 난 뒤 여러분이 하고 싶은 후속 활동을 연계할 수 있는 교내 프로그램은 어떤 것들이 있는지 꼼꼼히 확인하기 바랍니다.

다음으로, 이공계열 진로를 희망하는 학생들은 '인문학적, 예술적 소양을 갖춘 균형 있는 독서를 하라'고 말해 주고 싶습니다. 진로 연계, 관심 분야, 교과 내용 중 더 알아보고 싶은 내용과 관련한 책을 읽는 것은 물론 중요합니다. 하지만 한 분야에 치중해서 편협한 독서 활동을 하기보다, 다양한 분야의 책을 읽으며 소양을 넓히는 것이 필요합니다.

과학 책을 읽더라도 이를 사회적, 경제적, 윤리적인 측면에서 생각하고 논리적으로 표현할 수 있어야 합니다. 과학과 예술을 융합하여 표현할 수 있는 능력이 있다면 엇비슷한 내용의 생기부들 사이에서 한층 돋보일 것입니다. 다양한 책을 읽도록 의도적으로 노력하면서 사고의 영역을 확장해 보세요. 나아가 이를 교과 시간, 학급 활동, 학교 행사 등 다양한 학교 활동에서 표현한다면 좋겠습니다.

이 책을 통해 생기부를 위한 실질적인 팁과 상식을 얻는 것은 물론이고, 과학적 질문을 던지며 해결해 나가는 연구자의 자세, 그리고 탐구의 방법적인 틀을 갖출 수 있다면 좋겠습니다. 또한 자신이 얻은 새로운 시선을 앞으로 어떻게 적용할 수 있을지도 고민해 보았으면 합니다.

고민하고, 부딪히고, 성장하는 여러분 모두가 원하는 지점에 넉넉히 다다를 수 있으리라 믿으며, 진심으로 응원합니다.

과학 분야 저자
방희조, 이미경, 문인정, 신유재

MUST-READ FOR
SCIENCE AND ENGINEERING
C O L L E G E

PART 1 이공계열을 위한 최적의 생기부 '과학적 사고력'으로 완성한다

PART 2 물리학 선생님이 소개하는 물리학 책 읽기

PART 3

화학 선생님이 소개하는
화학 책 읽기

PART 4 ★★★ 생명과학 선생님이 소개하는 생명과학 책 읽기

PART 5 지구과학 선생님이 소개하는
지구과학 책 읽기

PART 6 과학 선생님들이 소개하는 과학 책 읽기

PART
1

이공계열을 위한
최적의 생기부
'과학적 사고력'으로
완성한다

★ ★ ★ ★

MUST-READ FOR
SCIENCE AND ENGINEERING
COLLEGE

이공계열을 위한 최적의 생기부, '과학적 사고력'으로 완성한다

이공계열 생기부, 어떻게 준비하면 좋을까?

2024학년도 서울대학교 학생부종합전형 안내 자료에서는 '폭넓고 깊이 있게 공부하고자 노력하는 학생'의 중요성을 다음과 같이 이야기합니다.

- 수업을 열심히 듣고도 해결하지 못한 궁금증이 있었나요?
- 교과 수업 내용 이외에 궁금한 점에 대해 찾아본 경험이 있

나요?
- 탐구와 사고를 통해 학습 내용을 자신의 것으로 만들어 보세요.
- 학습한 내용을 여러 맥락 속에서 다면적, 심층적으로 파악하고 사고하세요.

이공계열 학과를 희망하는 학생들이라면, 위의 이야기를 한 마디로 이렇게 압축하여 적용할 수 있겠습니다. '과학적 호기심을 통해 자기주도적으로 깊이 있게 공부한 과정을 보여주세요.'

그렇다면 '과학적 호기심'이 정확히 무엇이고, 생기부(학교생활기록부)에서는 어떻게 드러내야 할까요? 직접 와닿도록 학생들의 실제 사례를 들어서 설명해 보겠습니다.

수업 시간에 '수업 일기'를 기록하는 수행평가를 진행했습니다. 수업 후 생긴 궁금증이나 질문을 적어 보도록 하는 활동이었지요. 대부분의 학생들은 수업 내용 안에서 이해하기 어려웠던 내용을 질문했지만, 어떤 아이들은 이전에 학습했던 내용과 관련짓거나 다른 교과에서 학습한 내용과 관련지어 '왜 그럴까?'라는 궁금증을 키워 냈습니다. 선생님도 생각하지 못한 질문을 스스로 만들어 내고 그 궁금증을 해소하고자 시도하는 학생들이 바로, 과학적 호기심과 사고력이 돋보이는 경우입니다.

'무엇이 궁금했다'라고 단순히 기록하고 끝내는 학생들과, 궁금한 점을 정리한 후 스스로 자료 조사를 하여 더욱 깊이 있게 학습한 학생, 나아가 이를 실생활과 연계하여 사고를 확장한 학생, 과학적 이슈에 자신의 생각을 덧붙여 논술한 학생들에 대한 평가는 달라질 수밖에 없습니다. 학생들은 추가로 자료를 조사하는 과정에서 교과서 수준 이상의 것을 학습하게 되고, 다른 과목의 지식과 연계하여 학습하는 경험을 하게 됩니다. 흔히들 사용하는 인터넷 검색에서 끝나는 것이 아니라, 그렇게 조사한 자료를 바탕으로 새롭게 알게된 지식들 중 한두 가지는 책을 통해 배움을 확장하거나 관련 논문을 읽어 보며 더 깊이 있는 지식을 탐독하는 아이들이 바로 지금의 대학이 원하는 인재의 모습일 것입니다.

발표 활동 시에도 '조금만 더 나아갔으면….' 하는 아쉬움이 남는 경우가 있습니다. 발표 내용의 깊이가 교과서에서 설명한 정도에 그치는 경우입니다. 단편적인 지식 수준에서만 설명하는 경우에는 세특(세부능력 및 특기사항)을 기록해 주는 교사 입장에서도 아쉬움이 남습니다. 교과 내용을 충분히 이해하는 것을 넘어 깊이 있게 학습하거나 더 나아가 다른 지식과 연계하는 모습을 보여주어야 합니다. 나만의 궁금함을 해소하기 위해 직접 탐구 활동을 실시한 후 탐구 결과와 탐구 과정에 대해 발표한다면 가장 바람직하겠지요. 이 경우, 궁금한 점을 스스로 해결하고자 한 노력과 깊이 있게 사고하고 탐구한 과정 모두가 잘 드러나기 때문입니다.

실제로 학기 말에 진행했던 자유 탐구 발표에서, 한 학생은 프로젝트형 수행평가를 통해 자신이 조사했던 기술의 한계점에 대해 알게 되었고, 그 한계점을 극복할 수 있는 방안을 스스로 고민해 보았다고 합니다. 이후 자신이 고안한 방식이 실제로 효과가 있을지 간단하게 실험했고, 실험 과정과 실험 결과를 발표했습니다. 교사는 그 실험에 대해서 다양한 피드백을 주었고, 이를 반영한 심화 실험을 '과제 연구'로 진행해볼 것을 추천했습니다. '과학적 호기심을 통해 자기주도적으로 깊이 있게 공부한 과정을 보여준' 좋은 사례라 하겠습니다.

입시를 앞둔 학생들이 생기부에 집중하는 이유

자주 바뀌는 입시 제도 때문에 어느 장단에 맞춰야 할지 모르겠다고 토로하는 학부모들이 많습니다. 그러나 변화하는 제도 안에서도 확실한 것들이 있습니다. 입시 제도의 큰 흐름과 줄기를 알면 세부적인 작은 변화에 초조해하거나 휘둘리지 않고 차분히 입시를 준비할 수 있습니다.

대입 전형은 크게 수시와 정시로 나뉩니다. 학생부 종합전형과 학생부 교과전형이 속한 '학생부 위주' 전형과 '논술 위주' 전형은 수시에 해당하며 '수능 위주' 전형은 정시에 해당합니다. '실기·실적 위주' 전형은 정시와 수시 모두에 해당하는데 대부분 예체능 분야이며 제한적으로 특기자 전형이 포함됩니다.

이들 전형 가운데 이 책에서 중점을 두는 것은 '학생부 종합전형(학종)'입니다. 학종은 입학사정관 등이 참여해 생기부를 종합적으로 평가해 선발하는 전형입니다. 학생부 '교과' 전형은 학교생활기록부 교과의 교과성적(내신)을 중심으로 하는 '정량' 평가이고, 학생부 '종합' 전형은 내신뿐 아니라 생기부의 모든 영역을 종합적으로 평가하는 '정성' 평가입니다.

대다수 대학에서 학생부 교과전형의 내신 커트라인이 학생부 종합전형 커트라인보다 높게 나타납니다. 학생부 종합전형은 내신 점수 외에 추가로 '어떤 요소'를 가지고 있어야 한다고 해석할 수 있습니다. 입시 지도 경험에 따르면 설령 종합전형 준비가 덜 되었더라도 학생이 수시에 지원할 수 있는 '여섯 개 카드' 중 두 개 정도는 학종에 지원합니다. 그 이유는 학생부 교과전형의 경우 정해진 내신 점수만큼만 합격을 보장해 주어서 상향 지원을 하기 어렵지만, 학종은 내신 점수 대비 상향 지원할 수 있는 여지가 있기 때문입니다.

정시를 노리는 학생들도 생기부에서 자유로울 수 없습니다. 최근 정시 비중이 늘어나면서 내신보다 수능에 강점이 있다고 생각하는 학생들이 정시를 입시 전략으로 택하기도 합니다. 하지만 내신 등급과 모의고사(전국연합학력평가)를 비교했을 때 모의고사 등급이 더 뛰어난 학생들은 그리 많지 않습니다. 2024학년도 서울대 정시모집 최초 합격자 중 고3 재학생의 비율은 38.1%, N수생의 비율은 59.7%로, 대부분은 N수생이 차지했다는 사실만 봐도 현실이 어떤지 잘 알 수 있습니다. 실제로 영재고나 특목고 학생들은 고등학교 3년간 모의고사에 응시하지 않는 경우가 많으며, 대신 다양한 교육과정과 수업 및 학생 활동에 집중하면서 학생부 종합전형을 준비하곤 합니다.

정시를 준비하는 학생들도 생기부를 관리해야 하는 이유는 '2025학년도 서울대학교 신입학생 안내'만 보아도 확실히 알 수 있습니다. 서울대학교는 정시모집 수능 위주 전형 중 지역균형전형은 교과 평가를 40%, 일반 전형은 2단계에서 교과 평가를 20% 반영한다고 되어 있습니다. 그중 교과 이수 현황, 교과 학업성적, 세부능력 및 특기사항을 반영하여 평가한다는 내용입니다. 세특을 평가한다는 것은 곧 생기부를 적극 참고하겠다는 이야기이므로, 이는 곧 정시에서도 생기부 관리를 해야 하는 이유가 됩니다.

2024학년도 대입부터 자기소개서가 일괄 폐지되어 생기부

를 통해 자신을 잘 알리는 일이 더욱 중요해졌습니다. 생기부를
관리하고 만들어 내는 일에 집중해야 하는 이유입니다. 학종은
내신과 더불어 교과서 너머의 다양한 지식과 적극적인 학교 활
동을 요구합니다. 학종을 준비하면서 하나씩 도전한 것들이 쌓
여 여러분을 크게 성장시킬 것입니다. 다양한 활동을 수행하면
서 자신의 성향을 파악하고, 어떤 분야에 관심이 있는지 고민하
며 의미 있는 진로 탐색의 기회로 삼길 바랍니다.

역량을 드러내는 똑똑한 생기부, 어떻게 만들까?

생기부에는 고교 3년 동안의 활동 전반과 학습 경험 그리고
성장 과정에 대한 기록이 담겨 있습니다. 대학은 학종에서 지원
자를 종합적으로 이해하고 역량을 평가하기 위해 생기부를 중
요한 평가 자료로 활용합니다. 그런데 생기부의 모든 항목이 대
입에 반영되는 것은 아닙니다. 2024학년도부터 수상 경력과
독서 활동, 동아리 활동 중 자율동아리 등이 대입에 미반영됩니
다. 2025년에 고1이 되는 학생들의 2028학년도 대입 기준은
아직 나오지 않았습니다만 현재의 기조가 유지되리라 예상해
봅니다.

그렇다면 대입에서 독서는 중요한 평가 요소에서 빠지게 되는 것일까요? 아닙니다. '독서 활동 상황' 항목은 대입에 반영되지 않지만 '독서 경험'은 반드시 생기부 영역에 기록되어야 합니다. 단순히 책 제목만 들어가선 안 되고 독서 후 후속 활동과 관련지어야 합니다. 대학은 세특이나 행특(행동특성 및 종합의견) 등에 기록되는 내용을 통해 의미 있는 독서 활동이 이루어졌는지 평가할 수 있습니다. 지적 성취뿐 아니라 학생 본인의 관심 분야에 대한 지적 호기심까지 추론하기 위해 토론과 연구 활동, 글쓰기, 실험 실습, 독서 활동을 자세히 들여다보며 종합적으로 평가합니다.

교사 추천서와 자기소개서가 폐지된 상황에서, 이제는 생기부 자체가 교사 추천서와 자기소개서의 역할을 대신하게 되었습니다. 그렇기에 생기부에서 대입에 반영되는 항목들의 중요성은 더욱 커졌다고 볼 수 있습니다. 각 항목에 기재되는 내용을 잘 이해해야 생기부 관리를 현명하게 해나갈 수 있습니다.

그중에서도 과세특(과목별 세부능력 및 특기사항)은 과목마다 학업 성취 수준, 수업 중 학생이 보여준 강점과 노력, 성장 과정 등을 교사가 직접 관찰하고 기록한 것을 말합니다. 학기 중 수업 시간의 활동 내용을 기록하기도 하고, 학기 말에 과제를 제시하고 과제 수행 내용을 기록하기도 합니다. 각 과목당 500자 분량이니, 1년 동안 10개 과목을 배운다면 최대 5,000자 분량에 이르는 내용으로 생기부 대부분을 차지하는 가장 중요한 영역이 됩니다. 여기에는 학생이 교과에 대해 가지는 흥미 정도와 학습 참여도, 학업 역량, 진로 역량 등이 포함됩니다.

학업 외에 창체(창의적 체험활동)는 자율활동, 동아리 활동, 봉사 활동, 진로활동으로 구성됩니다. 행특은 담임 교사가 1년 동안 학생의 학업, 인성, 행동 등 성장과 변화를 관찰해서 전반적인 학교생활 태도를 기록하는 항목입니다. 긍정적인 내용이 담기더라도 구체적인 근거와 함께 제시되어야 더 좋은 평가를 받을 수 있습니다. 담임 교사가 아무리 최선을 다해 학생의 창체와 행특을 기록한다 해도 교사의 관찰력에는 한계가 있습니다. 그러므로 학교생활에서 충실한 모습을 보이는 동시에 다양한 활동 보고서를 작성해서 교사에게 제시하면 좋습니다. 구체적인 근거와 자료와 기록이 있다면 교사가 더 균형 있는 평가를 작성하는 데 도움이 되기 때문입니다.

개세특(개인별 세부능력 및 특기사항)은 보통 담임 교사가 기록하며 학교마다 특색 있게 운영하는 자율적 교육과정이 다양하게 반영됩니다. 예비 신입생을 대상으로 학교마다 교육과정 설명회를 진행하는데, 이때 학교만의 자율적 교육과정이 어떻게 운영되는지 미리 확인해 주안점을 두고 임하는 게 좋습니다. 교과 간 융합 활동이나 학교에 개설되지 않은 과목과 관련한 활동 등을 계획해 진행할 수 있는데, 주도적으로 참여해서 의미 있는 개세특을 만들려면 이런 내용에도 관심을 두고 참여해야 합니다.

생기부 각 항목의 내용은 추상적이기보다는 구체적이어야 합니다. 또한 각각이 유기적으로 연결되고 대학에서 요구하는 역량이 잘 드러나도록 하는 것이 중요합니다. 자율활동, 진로활동, 동아리 활동, 세특, 행특 등이 개별적으로 산재하는 것보다는 서로 연결된다면 학생을 대변하는 데 더 효과적으로 작용합니다.

특정 진로에 왜 관심을 두게 되었으며 어떤 진로 탐색 활동을 했는지를 '진로 역량'에서 보여줄 수 있습니다. 관심 분야를 어떻게 자기 주도적으로 학습했는지(학업 태도), 관심 주제를 어떻게 탐구했는지(탐구력), 그 과정에서 어려움을 어떻게 해결했는지(문제 해결력) 등을 통해서 '학업 역량'을 보여줄 수 있습니다. 연구 과정에서의 협업이나 교내 행사에서 보여준 소통 능력으로부터 '공동체 역량'을 보여줄 수 있습니다.

이 과정에서 학생들이 사용할 수 있는 아주 효과적인 수단 중 하나가 바로 '독서'입니다. 특정 주제를 탐구할 때, 주제와 관련한 다양한 책을 읽고 자기 주도적으로 학습하고 이를 다른 활동으로 심화·발전시키는 과정을 보여주면 학생의 역량을 잘 드러내면서도 세특과 창체가 잘 연계된 좋은 사례가 됩니다. 책을 통해 어떤 주제에 관심이나 궁금함이 생겼고 해당 분야를 더 알기 위해 어떤 노력을 해왔는지와 책이 어떤 영향을 주었는지 등 과거라면 자기소개서에서 어필하던 부분을 이제는 생기부 내에서 보여주어야 합니다.

2025년부터 전면 시행되는 고교학점제 대응법

학생 스스로 자신의 기초 소양과 학력을 바탕으로 진로와 적성에 따라서 과목을 선택하고 이수 기준에 도달한 과목에 대해 학점을 취득하고 누적해서 졸업할 수 있는 제도가 '고교학점제'입니다. 이전까지는 주어진 교육과정에 따라 모든 학생이 거의 비슷한 수업을 들었다면, 앞으로는 학생 각자가 원하는 진로에 따라 원하는 과목을 선택해서 수업을 듣게 된다는 의미입니다. 획일적인 교육을 지양함으로써 학생의 동기와 흥미를 유발하고 다양성을 고려해 미래 사회에 필요한 역량을 기르기 위해 마련된 제도인 셈입니다.

현재 고등학교 재학생(2015 교육과정)과 진학 예비생(2022 교육과정, 2025년 이후 입학생)에게 적용되는 고교학점제 수준은 조금 다르지만, 현재도 미리 고교학점제를 도입해서 2학년 때부터 선택과목을 수강하기 위해 해당 교실로 이동해 수업을 듣는 게 당연시되는 학교가 많습니다.

2025년부터 고교학점제가 전면 시행됨에 따라서 고등학교 3년 동안 총 192학점을 이수해야 졸업할 수 있으며, 구체적으로는 필수 공통과목(84학점), 선택과목(자율 이수 학점, 90학점), 창의적 체험활동 18학점으로 구성됩니다. 구체적인 교육과정과 과목은 고교학점제 홈페이지(https://www.hscredit.kr/index.do)를 참고하면 됩니다. 고등학교 교과과정 및 과목이 대학처럼 학생의 진로와 전공 관심사에 따라 세분화되고 좀 더 학생 친화적으로 바뀌는 것이라고 이해하면 될 것입니다. 고등학교 1학년 때는 대개 공통과목 중심으로 교과목이 편성되고, 2학년 때부터 선택과목 중심으로 편성이 이루어지므로, 1학년 동안 나중에 어떤 선택과목을 수강할지 미리 고민해둘 필요가 있습니다.

내신 등급에도 변화가 생깁니다. 절대평가인 성취평가(A, B, C, D, E 등급)와 함께 상대평가인 석차 등급이 기재되는데 현재의 9등급에서 5등급으로 개편됩니다. 단, 사회 · 과학 융합 선택과목 9개와 체육 · 예술 · 과학 탐구 실험 · 교양 과목은 절대평가만 실시합니다. 다음의 표에서 보듯이 2022 개정 교육과정부터는 석차 등급이 5등급제로 바뀜에 따라 등급별 비율 역시 달라집니다.

학령 인구가 줄고 과도한 경쟁을 줄이기 위해 개편되는 것

	현행 9등급제	
	1등급	4%
	2등급	7%
	3등급	12%
	4등급	17%
	5등급	20%
	6등급	17%
	7등급	12%
	8등급	7%
	9등급	4%

	개편 5등급제	
	1등급	10%
	2등급	24%
	3등급	32%
	4등급	24%
	5등급	10%

〈고교 내신제 개편〉

으로 상위 10%까지 1등급을 받을 수 있습니다. 이전 교육과정
은 4%까지 1등급, 누적 11%까지 2등급이었던 것과 비교하면
차이를 실감할 수 있습니다. 내신 등급의 변별력 자체가 줄어든
다고도 볼 수 있으므로 생기부의 비중은 더 커질 수밖에 없습니
다. 또한 사회와 과학 교과의 융합 선택과목은 탐구와 문제 해
결 중심의 수업이 내실 있게 이루어지도록 '절대평가'만 하게
됩니다. 석차 등급별 비율이 확대되고 사회 · 과학 과목의 융합
선택과목에서 절대평가가 이루어지는 만큼 세특의 중요성은
시간이 흐를수록 더욱 강조될 수밖에 없습니다.

고교학점제 안착을 위해서 지역 교육청은 학생의 과목 선택권을 최대한 보장하고 원하는 과목을 수강해 듣는 것을 지원하기 위해 여러 노력을 기울이고 있습니다. 진로와 적성에 따른 다양한 과목을 개설하고 소속 학교에 개설되지 않은 과목도 수강할 수 있도록 돕습니다. 공동교육과정, 온라인 학교, 지역 및 대학 연계 프로그램 등 교육청 지원 프로그램(부록 참조)을 잘 활용해서 자신이 원하는 과목, 꼭 필요한 과목들을 수강하기를 바랍니다. 자신이 원하는 학과에 진학하는 데 필요한 과목을 이수했는지, 진로 탐색에 얼마나 적극적으로 노력했는지를 알 수 있는 부분이기도 하기 때문입니다. 고교학점제 홈페이지에 있는 과목 선택 가이드북을 참고해서 계열별로 어떤 과목을 선택해 공부하면 좋을지 알아보기를 바랍니다. 인문·사회, 자연과학 및 공학의 다양한 계열이 소개되어 있습니다.

특정 교과목을 선택하고 싶어도 자신이 속한 학교에는 개설되지 않은 경우가 있을 것입니다. 이때 도움을 받을 수 있는 것이 학교 간 공동교육과정입니다. 학생이 진로와 적성에 따라 희망 과목을 수강할 수 있도록 과목 선택권을 최대한 보장하기 위한 제도입니다. 단위 학교에서 개설이 어려운 소인수·심화 과목 등을 학교 간 연계 및 협력을 통하여 운영하는 교육과정인 셈입니다. 거점형, 학교 연합형으로 주로 운영되며, 물리적·시간적 한계를 극복한 실시간 쌍방향 온라인 수업이 가능합니다.

학교 간 공동교육과정이 갖는 의미는 학교 여건상 미개설된 과목을 수강할 수 있다는 데 그치지 않습니다. 물리학 실험, 국제 정치 등 전문교과는 대부분 고등학교에서 개설되기 쉽지 않습니다. 이런 교과를 학교 간 공동교육과정을 통해 이수하면 학종 평가 때 진로와 연계된 교과 지식이 풍부해진 점과 더 적극적으로 진로와 관련된 교과를 이수한 노력 등을 높게 평가받을 수 있습니다. 이 점이 학교 간 공동교육과정을 추천하는 이유입니다.

각 지역 교육청은 지역 유관기관 및 대학들과 업무 협약을 맺어 다양한 교과목 및 진로 연계 프로그램을 개발하고 있습니다. 지역 사회의 교육 자원을 활용해 진로 심화 탐색을 돕는 교육 프로그램을 제공하는 것이죠. 당분간은 생기부 기록이 가능한 진로 연계 프로그램에 한계가 있겠지만, 앞으로는 더욱 다양하고 폭넓은 선택지가 등장해 학생들이 더 활발히 수강할 수 있게 될 것입니다.

공립 온라인 학교도 속속 늘어나는 추세입니다. 다양한 과목을 시간제 수업으로 제공하는 새로운 형태의 학교입니다. 소인수 과목, 신산업 신기술 분야 과목 등 개별 학교에서는 개설이 어려운 과목을 중심으로 탄력적으로 운영되며, 졸업 이수 단위(학점)에 포함됩니다. 온라인 학교 수업을 수강한 학생의 학적 및 졸업, 학력 인정 등은 학생이 재학 중인 소속 학교에서 이루어집니다. 2023년에는 4개 교육청(대구, 인천, 광주, 경남)에서 온라인 학교를 시범 운영했고 연차적으로 확대될 예정입니다.

인도계 미국인 살만 칸Salman Khan이 만들어 지금은 세계 최대의 무료 교육 사이트가 된 칸아카데미Khan Academy가 있습니다. 수학, 과학, 경제학, 인문학, 역사, 컴퓨터과학 등을 가르치는데 지금은 다양한 나라 언어로 번역도 되어 많은 학생이 관심을 두고 수강합니다. 미국이나 유럽 유수의 대학 강의를 수강할 수 있는 무크MOOC, Massive Open Online Course 서비스 또한 교육의 장벽을 낮추고 더 많은 학생에게 기회를 제공하는 장으로 활용되고 있습니다. 코세라Coursera(스탠퍼드 대학교와 미시간 대학교, 카이스트 등), edX(MIT, 하버드 대학교, 서울대학교 등), 오픈업에드Openuped(유럽 11개 대학교) 등 채널도 엄청나게 다양해졌습니다. 관심만 있다면 이들 무크에서 자신의 진로 분야를 택해 강의를 수강하는 것도 좋은 경험이 될 것입니다. 우리의 고교학점제와 공립 온라인 학교의 취지도 결국 교육을 공공재 개념으로 확장해 더 많은 이들에게 취향에 맞는 기회를 제공하는 것입니다. 해외 무크 수강 내역까지 고교학점제로 인정되는 때가 오기까지는 시간이 걸리겠지만 궁극적인 취지가 '장벽 없는 교육, 관심사에 따른 전문적인 교육'이라는 점에서 참고할 만합니다.

이공계열을 희망하는 학생들이 알아야 할 입시 팁

여기서는 이공계열 진학을 목표로 하는 학생들이 미리 알아두고 준비하면 좋을 내용을 이야기하고 넘어가려 합니다. 중학교 때부터 상위권에 속해서, 일찌감치 특목고와 최상위 대학 특정 학과를 염두에 두는 학생들이 있을 것입니다. 혹은 일반고로 진학하여 유리한 내신 등급을 받는 것에 중점을 두고, 구체적인 진로에 대해서는 문을 반쯤 열어두는 경우도 많겠지요. 어떤 경우에 속하든 도움이 될 이야기이니 귀담아 들어주었으면 합니다.

일반고 학생들도 연구 활동을 반드시 해보자

과학고, 영재고와 같은 특목고와 일반고의 가장 큰 차이 중 하나는 '연구 활동'일 것입니다. 심화 기자재를 비롯한 학교 환경과 교육과정에 차이가 있을 수밖에 없습니다. 하지만 주어진 환경 안에서 연구 활동을 반드시 경험해 보길 권장합니다. 동아리 활동에서 프로젝트 활동으로 연구를 진행하거나 선택 과목 중 '과제연구' 과목을 수강하는 방법이 있습니다. 어떤 주제로 연구할지 막막하고, 적은 횟수 내에서 직접 실험을 설계하고 수행한다는 것이 부담스러울 수 있습니다. 그러나 비록 실패로 끝난다고 할지라도 연구 활동을 꼭 선택할 것을 권합니다. 과학 동아리나 과학 과제연구 모두 담당 선생님이 계시기 때문에 연구 과정에서 선생님께 질문하고 조언을 구하여 적극적으로 지도받는 것을 추천합니다.

연구 활동을 강력히 추천하는 이유는, 학생들은 연구하는 과정에서 배우는 것이 굉장히 많기 때문입니다. 알아보고 싶은 주제와 관련해 기존 연구는 어떤 내용인지, 실험 방법에는 어떤 것들이 있는지 스스로 공부한 후 주어진 환경 안에서 실험할 수 있는 방법은 무엇인지 결정합니다. 실험을 수행하면서 생각하지 못한 결과를 맞닥뜨리는 경우가 흔합니다. 이때 왜 그런 결과가 나왔는지 생각해 보고, 문제를 해결하기 위해 스스로 공부하게 됩니다. 실험 결과를 기록하고 자료를 해석한 후 보고서로 작성하는 과정에서도 객관적으로 실험 결과를 기록하고, 과학적으로 타당한지 비판적으로 생각하며, 논리적으로 글 쓰는 방법을 배웁니다.

연구 과정은 대체로 순탄치 않습니다. 그래서 여러분이 생각한 것보다 더 많이 배우고, 자신의 한계를 뛰어넘는 경험도 합니다. 연구 활동을 경험하면서 스트레스도 받겠지만, 지나고 나면 연구가 가장 기억에 남고 재미있었다고 말하며 이공계열로의 진로를 확신하는 학생들도 많습니다. 과학 교사로서 지켜본 결과, 문제를 잘 푸는 능력과 별개로 연구 역량이 뛰어난 학생들이 있습니다. 그 역량을 겉으로 드러내고 충분히 활용한다면 더 탄탄하고 차별화된 생기부로도 연결될 것입니다.

6회의 지원 제한을 받지 않는 대학교에 주목

보통 수시를 지원할 때는 6회의 제한을 받습니다. 하지만 수시 모집 6회 지원, 정시 모집 3회 지원 제한에서 제외되는 대학교가 있습니다. 과학기술원 특별법에 따라 설립된 카이스트KAIST, 지스트GIST, 디지스트DGIST, 유니스트UNIST와 한국에너지공과대학교법에 따라 설립된 한국에너지공과대학KENTECH입니다. 이공계 특성화 대학교로 불리며 대부분 과학고와 영재고 학생들이 지원하지만, 일반고 학생들도 지원하여 더러 합격합니다. 일반 종합 대학교에 수시 원서를 6회 지원하고도 4개의 과기원과 한국에너지공과대학에 지원할 수 있으니 엄청난 장점입니다.

하지만 일반 종합대와 입시 전형에 있어 차이가 있으니, 이를 확인하고 준비해야 합니다. 카이스트, 지스트, 디지스트, 유니스트, 한국에너지공과대학교 모두 학생부 종합전형으로 선발하며 일부 자기소개서와 교사추천서, 면접이 존재합니다. 일반 종합대에서 사라진 자기소개서가 남아 있어 부담스러울 수 있겠지만 뒤집어 생각하면 이는 기회가 되기도 합니다. 생기부에 다 담지 못한 내용들을 스스로 어필할 수 있는 기회이지요.

〈2025학년도 이공계 특성화대학 수시 모집 전형〉

대학교	전형 유형	전형 방법	자기 소개서	교사 추천서	면접
카이스트 (KAIST)	창의도전전형	서류평가 100% (독서이력, 자기소개서 증빙자료 제출)	○	○	
	학교장추천전형		○	○	
	일반전형	1단계: 서류평가 (독서목록, 자기소개서 증빙자료 제출) 2단계: 면접평가 **최종합격자 결정:** 서류평가 40% + 2단계 면접평가 60%	○	○	○
	고른기회전형		○	○	○
	특기자전형	1단계: 서류평가 (독서목록, 특기 입증자료 제출) 2단계: 면접평가 **최종합격자 결정:** 서류평가 40% + 면접평가 60%	○	○	○
지스트 (GIST)	일반전형	1단계: 서류평가 2단계: 면접평가 **최종합격자 결정:** 서류평가 60% + 면접평가 40%	○	○	○
	학교장추천전형		○	○	○
	고른기회전형		○	○	○
	특기자전형	1단계: 서류평가 2단계: 면접평가 **최종합격자 결정:** 특기종합평가 100%	○	○	○
디지스트 (DGIST)	일반전형	서류평가 100%	○		
	학교장추천전형	서류평가 100%	○	○	
	고른기회전형	서류평가 100%	○		
	과학인재전형	1단계: 서류평가 2단계: 면접평가 **최종합격자 결정:** 서류평가 50% + 면접평가 50%	○		○
유니스트 (UNIST)	일반전형	서류평가 100%	○		
	지역인재전형	서류평가 100%	○		
	탐구우수전형	1단계: 서류평가 2단계: 면접평가 **최종합격자 결정:** 서류평가 50% + 면접평가 50%	○		○
	고른기회전형	서류평가 100%	○		

| 한국에너지
공과대학교
(kentech) | 일반전형 | 1단계: 서류평가
2단계: 면접평가 | ○ |
| | 고른기회전형 | 최종합격자 결정:
서류평가 50% + 면접평가 50% | ○ |

특히 카이스트는 자기소개서와 함께 재학 기간 중 자신에게 큰 영향을 준 책을 선정하여 '독서 이력' 또는 '독서 목록'을 작성하게 합니다. 독서 이력의 경우에는, 그 책을 읽은 소감을 300자 이내로 적어야 합니다. 서류평가에 반영되는 중요한 내용이므로 학생들은 생기부와 연계한 독서 활동을 미리 준비해야 합니다. 독서가 학생의 성장에 미치는 영향을 대학이 여전히 높이 평가한다는 사실을 알 수 있는 대목입니다.

의료·보건 계열을 위한 생기부, 어떻게 준비하면 좋을까?

의료·보건 계열 진로를 희망하는 학생들은 미래에 의사, 약사, 간호사, 임상 병리사 등의 직업인을 꿈꾸는 경우가 대부분입니다. 하지만 연구직, 공무원 등 의료·보건 관련 다양한 직업에 대해서도 탐색하고 관련 역량을 생기부에서 보여주는 것도 좋습니다. 생명과학, 화학, 윤리 교과와 관련된 심화 학습은 거의 모든 학생들의 생기부에 담기는 내용입니다. 그러므로 거기에서 한발 나아가, 다양한 과목에서 교과 내용과 관련짓는 독서와 후속 활동을 진행해 보길 바랍니다.

수학 교과에서는 의료 통계 정보 및 보건의료 빅데이터를 활용하여 분석하는 활동을, 물리 교과에서는 의료공학기기의 원리 및 의료 물리학에 대해 탐구한 내용을, 지구과학 교과에서는 기후 우울증, 기후보건영향 평가, 재난간호와 재난불평등 등에 대해 탐구한 내용을 후속 활동으로 진행할 수 있습니다.

이과 계열 과목뿐만 아니라 인문사회 과목의 세특도 놓치지 않았으면 합니다. 인문사회 교과를 통해서도 여러분의 생기부를 차별화할 수 있는 다양한 활동을 구상할 수 있습니다. 예를 들어 의료·보건 관련 정책에 대해 탐구하고 현재 우리가 겪고 있는 문제 상황과 이를 해결할 수 있는 정책을 직접 제안하는 활동을 해볼 수 있겠지요. 또한 보건의료기본법에 대해 학습한 후 여러 갈등 사례와 실제 판례를 알아보고 법률에 근거해 판단해 보기, 우리나라와 해외의 의료보험제도 비교하기, 문학 작품과 정신분석학 관련 독서 활동 및 후속 활동 등 다방면에서 관심사를 확장했음을 보여줄 수 있습니다. 이런 다양한 활동을 통해 의료인으로서 갖추어야 할 윤리 의식, 인문학적 소양, 공감 능력 등을 드러내기 바랍니다.

의료·보건 계열에서는 공동체 역량 또한 매우 중요한 요소입니다. 환자와 원활히 소통하기 위한 의사소통 능력, 나눔과 배려의 역량이 잘 드러나야 합니다. 실제로 의대에 진학한 제자의 자기소개서를 검토할 때, 이런 부분을 살펴서 피드백을 해준 적이 있습니다. 그 학생의 자기소개서에는 공동체 역량 중 갈등관리 부분만 강조되어 있었는데, 교사 입장에서 봤을 때 이 친구는 의사소통 능력에 강점이 있었습니다. 친구들에게 어려운 수업 내용을 쉽게 설명해서 이해를 돕기도 했고, 교실의 위생 문제를 해결하기 위해 친구들과 함께 규칙을 만들고 문제를 해결한 적도 있었으니까요. 그래서 의료인으로서 갖추어야 할 공동체 역량이 잘 드러나는 자기소개서를 작성하도록 했습니다.

현재는 자기소개서가 모두 사라졌으니 한때 자기소개서에서 보여주던 역량을 생기부로 가져와야 합니다. 과제 연구, 책과 논문을 통해 심화 학습을 한 내용은 과세특과 창의적 체험활동의 특기사항에서 드러낼 수 있습니다. 공동체 역량은 어떻게 생기부로 가져와야 할까요? 페임랩이나 과학 커뮤니케이터와 같은 활동을 통해 질병, 의료 · 보건과 관련한 지식을 짧은 시간 동안 처음 듣는 사람도 쉽게 이해할 수 있도록 설명하는 의사소통 능력을 보여줄 수 있습니다. 학급이나 학교에서 주관하는 의료 · 보건과 관련된 봉사활동이 있다면 적극적으로 신청하고, 만약 우리 학교에 없다면 학생 주도 프로젝트 봉사활동을 통해 여러분이 직접 주도적으로 봉사활동을 기획하여 실천해 보기 바랍니다.

특목고 입시를 준비하는 학생들에게 한마디

전작인 《생기부 필독서 100》을 출간한 후 많은 독자들의 이야기를 들을 수 있었습니다. 예상과는 달리, 고등학생만이 아니라 중학생, 초등학생 자녀를 둔 학부모들도 많은 관심을 보여주셨습니다. 특히 특목고를 준비하는 학생들의 경우 중학교 생기부를 챙기기 위해 이 책을 읽는 경우도 있었습니다. 특목고 입시를 경험한 학생들은 '예비 학종'을 치렀다고 봐도 무방합니다. 실제로 중학교에서 근무할 때 특목고 입시를 준비하는 학생들을 상담하다 보면, 자기소개서를 작성하고 면접을 준비하는 과정에서 자신의 생기부 내용을 숙지하면서 많은 생각이 든다는 이야기를 공통적으로 들려주었습니다.

'활동 하나를 하더라도 그냥 하지 말고 의미 있게 해야 했는데 그러지 못했다', '깊이 있는 탐구 활동을 하지 못한 것이 아쉽다', '뒤늦게 수학 책과 과학 책을 몰아서 읽지 않고 꾸준히 읽었더라면 좋았을 것 같다'. 이렇게 아쉬움을 털어놓는 친구들이 많았습니다. 그럴 때면 괜찮다고 이야기하며 이렇게 조언해 주었습니다.

"너희는 입시를 처음 경험해 보았잖아. 특목고 입시를 경험한 친구들의 대부분은 너희처럼 그런 아쉬움을 느끼고 있을 거야. 너희는 이 경험을 해보았으니 고등학교에 입학해서는 어떻게 해야 할지 감이 오지? 미리 대입을 경험해 보았다고 생각하렴. 지금 아쉽게 느껴지는 부분들을 잘 기억해 두었다가 고등학생이 되었을 때 차근차근 준비하면 돼."

그럼, 입시를 경험해 보지 않은 중학생들이 아쉬움 없는 학창생활을 할 수 있도록 이 책을 어떻게 활용하면 좋을지 소개할까 합니다.

'생기부 필독서' 책에서 추천하는 인문사회, 수학, 과학 책들을 고루 읽어 보세요. 다양한 분야의 책들을 읽으며 배경지식을 풍부하게 하고, 후속 활동으로 소개하는 활동을 진행하되, 꼭 여러분들의 이해 수준과 학교에서 배우는 교과 내용을 고려하기 바랍니다. 제대로 이해하지 못하였는데 너무 어려운 수준의 내용을 고집하기보다는 정규 교육과정 내에서 개념을 정확하게 알고 이를 적용할 수 있는 능력이 훨씬 더 중요합니다. 면접 과정에서 이 학생이 개념을 정확하게 파악하고 있는지 아닌지 알 수 있기 때문입니다. 이 부분을 유의하여 중학교 생기부를 알차게 챙기고, 자기소개서를 작성하는 과정에 이 책을 백배활용하기 바랍니다.

다음으로, 이 책에서 소개하는 다양한 책들을 읽고 관심과 흥미가 가는 부분을 찾아보며 진로를 탐색하는 과정으로 삼으세요. 이후 교과 시간에 관련 내용이 나오면, 수업에 집중하고 적극적으로 발표하고자 노력했으면 합니다. 수업 내용에서 호기심이 드는 부분이 생기면, 자기주도적으로 심화하여 학습하기 위해 책을 활용하는 것을 추천합니다. 책에서 궁금한 부분을 찾아 읽고 끝내는 것으로는 부족합니다. 어떤 부분이 궁금해서 이 책을 찾아보게 되었는지, 책에서 어떤 해결의 실마리를 찾았는지, 이 문제를 해결하기 위해 어떤 고민을 했고 마침내 어떻게 해결했는지, 그 과정에서 느낀 점 등을 잘 기록해 두어 포트폴리오로 관리하기 바랍니다.

따로 관리하는 것이 어렵다면, 온라인 독서교육종합지원시스템에 꾸준히 누가 기록하여 관리할 수 있습니다. 2024년부터는 새로운 독서교육지원 플랫폼 '독서로'라는 시스템을 도입한다고 합니다. 이곳에 독후 활동을 기록할 때 단순히 책의 줄거리만 적지 말고, 앞에서 언급했던 내용들을 기록하여 의미 있는 독서 활동이 되도록 했으면 합니다. 이렇게 관리한 독서 포트폴리오는 특히 자기소개서를 작성할 때 큰 도움이 됩니다. 자기소개서 작성을 앞두고 어떤 소재를 선택해야 할지, 책을 읽고 어떤 생각을 했는지 기억이 잘 나지 않아 막막해하는 학생들이 많습니다. 이때 여러분이 관리한 독서 포트폴리오를 살펴보며 진정성 있으면서도 의미 있는 자기소개서의 소재로 활용하기 바랍니다.

차별화된 과학 생기부
독서로 완성하려면

'좋은 세특', '좋은 생기부'를 만드는 가장 좋은 방법은 교과 수업 중 배운 내용이 심화되고 확장된 모습을 보여주는 것입니다. 그중에서도 가장 효과적이고 매력적으로 학생의 역량과 노력을 드러낼 수 있는 방법이 바로 '독서를 통한 확장'이라고 다시 강조하고 싶습니다. 교과 수업을 통해 다양한 의문점이나 더 알고 싶은 내용이 생겼을 때, 지식을 확장하기 위해서 관련 책을 찾아 읽고 부족한 부분을 채워 나가는 자기주도적 탐구 과정을 여실히 드러낼 수 있기 때문입니다.

이처럼 독서는 생기부를 개별화하고 차별화하는 중요한 활동인 동시에, 다양한 활동과 연계가 가능한 만능 툴이기도 합니다. 독서를 통해 3년간의 학업 및 진로 역량이 점점 구체화되고 심화되는 모습을 보여주어야 합니다. 간략한 예시를 들어 볼까요?

자율활동	학급 신문 제작 활동을 하며 여러 주제의 기사들을 선별하여 소개함. 그중 '구리 필름의 항균 효과가 코로나 바이러스도 잡을까'라는 기사에 흥미를 느껴 구리 필름의 항균 효과에 관한 연구 자료들을 검색하였으며 비판적으로 기사 자

자율활동	료를 읽어야 함을 깨달음. 이후 학급 독서 탐구 시간에 '과학이라는 헛소리'라는 책을 읽고 허위 과대 광고와 유사과학 사례들을 설명하고, 과학의 탈을 쓴 유사과학에 합리적인 의심과 올바른 과학적 지식을 토대로 비판적으로 접근하는 법을 소개함.
진로활동	페임랩 페스티벌과 자율활동 발표 시간의 경험을 바탕으로, 자신이 알고 있는 과학적 지식을 사람들 앞에서 전달했던 과정에서 큰 즐거움을 느껴 과학 커뮤니케이터로서의 진로를 희망함. 유사과학으로부터 벗어나 올바른 과학적 상식을 사람들에게 쉽고 재미있게 전달하기 위해 꾸준히 과학 지식을 학습하는 능력과 비판적 사고 능력, 의사 소통 능력이 필요하다고 생각함. 인공지능이 바꾸는 미래를 주제로 탐색하는 활동에서 '인공지능을 활용한 새로운 항생제 개발'과 '인공지능을 활용한 항생제 내성 예측 및 최적의 항생제 선택'에 관한 연구 사례를 조사함. (⋯) 인공지능이 의학의 발전에 기여하고 기존의 문제를 해결하는 데 큰 도움을 줄 수 있다는 기대 효과를 전달함. 고교-대학 연계 공동교육과정 '인공지능모델의 학습과 활용방법 탐구'에 참여함.
동아리 활동	자유 주제 연구 장기 프로젝트 활동에서 다양한 물질의 항균 효과를 연구함. 먼저 구리 필름, 천연 항균 물질들의 항균 효과를 확인하는 실

동아리 활동	는 디스크 확산법에 대해 조사하고 여러 배지에 균을 배양하며 실험을 실시함. 이후 가장 효과가 컸던 항균 물질들을 배합하여 항균 효과를 비교하는 연구를 진행함. 실험을 수행하는 과정에서 멸균 환경 조성에 문제가 있었음을 파악하고 (…)를 실시하여 문제를 해결함.
생명과학	생명과학 페임랩 활동에서 항생제 내성 문제와 천연 항생제 모방체의 원리와 장점에 대해 설명함. 천연 항생제 모방체의 원리를 설명하는 과정에서 소품을 활용하여 처음 듣는 과학적 원리도 쉽게 이해할 수 있도록 함.

이 학생은, 자율활동 특기사항에 언급된 학급 신문 제작하기 활동을 통해 기사 자료를 비판적으로 읽어야 한다는 것을 깨닫고 지식 확장으로《과학이라는 헛소리》라는 책을 읽었습니다. 진로활동 특기사항에서는 과학 커뮤니케이터로서의 포부와 이를 위해 갖춰야 할 자질에 대해 생각하며 진로를 탐색한 과정을 보여줍니다. 일회성 탐구로 끝나지 않고 관심을 가진 주제를 여러 활동에서도 꾸준히 연계해 탐색했음을 알 수 있습니다.

이와 관련하여, 진로활동 시간에 이루어진 인공지능과 관련한 주제 탐구 활동에서 인공지능을 활용한 항생제 연구 사례들을 탐구하고 이를 소개합니다. 동아리 활동에서는 항균 효과와 관련한 과제 연구를 프로젝트 활동으로 진행하며 스스로 실험을 설계하고 수행함으로써 학생의 탐구 역량과 과학적 사고 능력을 보여줍니다. 실험을 설계하는 과정에서 '디스크 확산법'을 공부하여 관심 주제에 관해 심화하여 학습할 수 있는 자기주도적 학습 역량 또한 충분히 드러납니다.

교과 수업 중 이루어진 생명과학 페임랩 활동에서 항생제 내성 문제와 천연 항생제 모방체의 원리를 주제로 설명하는 부분에서도, 관련 연구 자료까지 찾아보고 심화하여 학습하였다는 것을 알 수 있습니다.

이처럼 자율활동, 진로활동, 동아리 활동, 과세특, 행특의 내용들이 개별적으로 존재하기보다는 유기적으로 연결되어야 합니다. 어떤 주제에 관심을 가지게 되었는가, 어떤 노력을 기울이며 학습했는가, 그 과정에서 어떤 것들을 느꼈고 어떻게 어려움을 해결했는가 하는 내용들이 종합되어 학생의 성장 과정이 담기게 되며 어떠한 학습 역량을 갖추었는지를 뚜렷하게 드러낼 수 있습니다. 이 모든 과정에서 독서를 활용해 발전 과정과 성장 과정을 자연스럽게 녹여낼 수 있음을 기억했으면 합니다.

그럼, 지금부터는 여러분의 알찬 과학 생기부를 위해, 물리학, 화학, 지구과학, 생명과학 교과별로 현직 고등학교 과학 선생님들이 귀띔하는 이야기를 직접 들어 봅시다.

물리학 선생님, 물리학 생기부 어떻게 대비해야 하나요?

무엇보다 생기부를 통해 지원하고자 하는 분야에 대한 진정성과 일관성을 보여주는 것이 중요합니다. 그렇기에 먼저, 적극적이고 공격적인 진로 탐색을 통해 본인의 관심 분야를 빠르게 파악하는 것이 유리합니다. 자신의 관심 분야를 발견했다면, 여러 교과에서 이루어지는 수행평가 또는 동아리 및 학교 행사 등에서의 활동을 관심 분야와 엮어서 진행해야겠지요. 관심 분야와 관련 있는 학교 활동에 선택적으로 참여하고, 수행평가 등 교과 내의 활동에서 자신의 관심 분야가 드러나도록 내용을 구성해 봅시다. 이때, 단순히 물리학적 내용으로만 구성하지 말고 사회학 및 인문학 등과 엮어 관심 주제에 대한 확장된 시야를 보여준다면 더욱 매력적인 생기부를 만들 수 있습니다.

예를 들어, 본인이 로봇공학 분야에 관심이 있다면, 알고리즘과 관련하여 교내 코딩 대회를 준비해서 참여하고, 각 과목의 수행평가로 로봇의 작동 기작 설명, 로봇의 발전 동향과 전망 등을 발표해볼 수 있습니다. 이에 더하여 존경하는 로봇공학자

소개, 로봇으로 인한 인간 소외 및 로봇세에 대한 토론 등 다양한 활동을 폭넓게 진행한다면 로봇공학 분야에 대한 커다란 관심과 깊은 애정을 생기부에 드러낼 수 있습니다.

이 과정의 바탕이자 기반이 되는 것이 바로 독서입니다. 해당 분야의 책을 통해 관련 지식을 정확하게 소개할 수 있음은 물론이고, 인상 깊은 책의 저자와의 만남을 시도해볼 수도 있으며, 같은 주제의 책을 친구들과 함께 읽어 보고 토의를 하거나, 하나의 논점에 대해 다른 관점을 지닌 책을 읽으며 토론도 진행할 수 있겠지요. 이렇듯 진정성 있는 생기부를 만드는 데 독서는 가장 빠르고 효율적인 방법입니다.

올바른 독서를 위해서는 다음과 같이 책을 읽어 보기를 바랍니다. 먼저 관심 분야 도서를 선택할 때 다양한 분야를 포괄했으면 합니다. 너무 진로에 끼워 맞춘 내용으로만 채우다 보면 자칫 작위적으로 보이기도 하고 대학에서 평가하는 역량 중 진로 역량만 두드러질 수 있습니다. 다른 교과와 연계할 수 있는 책을 선정할 때 심화 학습 역량과 융합적 인재로서의 면모를 보여줄 수 있습니다. 온라인 서점의 자연과학 분야만이 아니라, 인문, 사회, 역사, 예술 등의 카테고리에서 주제를 검색해 보고 관련 분야에 대한 폭넓은 이해를 키워봅시다.

다음으로 책의 내용을 그대로 받아들이는 것이 아니라 본인이 알고 있던 내용 혹은 가지고 있는 생각과 비교하며 적극적인 자세로 책을 읽기를 바랍니다. 책을 읽은 후에는 책을 통해 무엇을 새로 알게 되었으며 자신에게 어떠한 성장이 있었는지를 꼭 고찰하여 알찬 도서 활동이 되도록 하고 이를 통해 생기부를 깊이 있게 채워 보기를 바랍니다.

과학 교사로서 과세특을 작성할 때 가장 중점적으로 생각하는 것은 관심 분야에 대한 학생의 진심과 성장이 드러나도록 하는 것입니다. 이를 위해서는 학생이 수행평가에서 전달하는 지식보다는 학생의 느낀 점을 파악하는 것이 큰 도움이 됩니다. 따라서 발표의 내용 구성에 있어서 지식 전달뿐 아니라 본인이 무엇을 느꼈으며, 생각이 어떻게 변화했는지, 어떤 지점에서 성장했는지 강조할 것을 권합니다.

또한, 같은 활동을 하더라도 주어진 활동을 적극적으로 확장해 보기를 추천합니다. 예를 들어 일상생활의 현상을 물리학적으로 설명하는 수행평가에서 단순한 조사만을 통해 원리를 밝히는 것으로 끝내지 말고 알게 된 내용을 바탕으로 직접 실험하며 이론을 검증해 본다면 수행평가의 질도 높아지고 세특에서도 학생의 적극성과 자기주도성, 탐구정신 등이 높게 평가될 수 있습니다.

마지막으로, 수행평가의 과정에서 여러분이 마주친 어려움이 있다면 이를 숨기지 말고 발표나 보고서에 적극적으로 드러내 보도록 합니다. 문제에 부딪히고 이를 극복해 나가는 과정에서 선생님들은 여러분의 성장과 문제 해결력을 발견할 수 있답니다.

화학 선생님, 화학 생기부 어떻게 대비해야 하나요?

화학은 물질의 변화와 성질을 실험적인 증명을 통해 밝혀내는 학문입니다. 물질과 관련된 학문이라서 물질을 다루는 다른 학문 분야로 확장성이 매우 높습니다. 예를 들어 신소재공학에서는 물질의 성질을 이해하기 위해 화학이 필요하고, 생명과학에서는 생명체를 이루는 분자의 특성을 이해하기 위해 화학이 필요합니다.

물리, 생명과학, 지구과학에 비해 화학은 인류 역사에 늦게 등장한 학문입니다. 일반적으로 과학자들이 자연에서 특정 원소들을 분리해낸 시점부터를 화학의 시작으로 보는데, 원소를 따로 분리하기 위해서는 높은 기술 수준이 필요하기 때문에 다른 과학 분야에 비해 화학의 등장은 늦을 수밖에 없었습니다. 18세기 말에 원소의 개념이 정립되면서 화학 반응을 기록할 수 있게 되었고, 19세기에 주기율표의 완성과 화학 반응을 이해하기 위한 노력이 이루어졌습니다. 20세기에 양자역학이 등장하면서 화학 결합과 반응을 이해하게 되었고, 이후 컴퓨터를 이용한 분자 합성까지 화학은 엄청난 속도로 발전해 왔습니다. 마치 기어다니던 아기가 다음 순간에는 갑자기 성큼성큼 뛰기 시작하는 느낌이랄까요?

중학교와 고등학교에서 화학을 배우는 학생들은 공부하기 어렵다고 합니다. 화학을 공부하기 위해서는 외국어처럼 낯선 화학식을 외워야 합니다. 화학 개념의 원리를 이해하고 싶은데, 교과서나 참고서를 보아도 원리에 대한 설명은 충분치가 않습니다. 예로 우리 주변의 철은 녹이 잘 생기는데, 반대로 녹슨 철은 왜 철로 만들기 어려울까요? 이를 이해하기 위해서는 '반응의 자발성과 자유에너지'라는 개념을 대학교에서 배워야 합니다. 2009 개정 교육과정에서는 해당 개념이 교과서에 수록되어 있었지만, 학생들이 이 개념을 어려워해서 2015 개정 교육과정에서는 제외되었습니다. 반응의 자발성과 자유에너지를 제대로 이해하기 위해서는 열역학이라는 어려운 물리 분야를 먼저 알아야 합니다.

정리하면 화학은 비교적 최근의 이론들을 활용하여 물질과 화학 반응에 대한 이해와 해석의 체계를 만들었기 때문에 '왜 그렇지?' 라는 질문 몇 번이면 바로 대학원 수준의 해설이 등장해야 합니다.

　그래서 중·고등학교에서 화학은 깊이 있게 공부하면 할수록 궁금증이 생길 수밖에 없는 과목입니다. 궁금증이 생겼던 학생이라면 인터넷에서 자료를 검색하거나 도서관에서 화학 전공도서를 뒤적이며 문제를 해결하기 위해 노력했을 것입니다(대학 입시는 미래의 연구자 또는 학자를 선발하는 성격을 포함하기에 인터넷 검색보다는 책이나 논문 검색을 추천합니다). 중간중간 선생님께 자문을 구했을 수도 있고요(단, 자기주도적인 학업 능력을 어필하기 위해서는 선생님께 자문받은 내용보다 스스로 문제 해결을 위해 노력한 과정이 과세특에 포함되는 것이 더 좋습니다). 실제로 화학 교과와 관련된 생기부의 과세특에는 이러한 궁금증을 해결하기 위해 노력했던 과정을 정리하여 기술한 사례가 많습니다.

　2024학년도 카이스트의 자기소개서 1번 문항을 볼까요? "STEM 분야에서 평소에 가지고 있던 남과 다른 자기만의 질문에 대해 작성하고, 이 질문을 하게 된 이유를 기술하여 주시기 바랍니다"였습니다. 카이스트는 이 질문을 통해 학생들의 어떤 부분을 확인하고자 했을까요? 또, 지금은 대입 전형 요소에서 사라졌지만 한때 대학에서는 자기소개서를 통해 학생들의 어떤 면을 보려고 했던 걸까요? 서울대학교 입학처에서 2015학년도 학생부 종합전형을 안내하면서 다음과 같이 설명하고 있습니다.

"교과 수업 내용 이외에 궁금한 점에 대해 찾아본 경험이 있나요? 교과 수업 내용을 이해하는 것을 넘어서 스스로 생각하고, 스스로 찾아서 깊이 있게 공부하는 노력이야말로 서울대학교에서 성공적인 대학생활을 위한 필수 훈련 과정입니다. 서울대학교 입학사정관은 이런 자기주도적인 학습 노력을 매우 중요하고 가치 있게 생각합니다. (중략) 예비 서울대학생이라면 독서는 기본입니다. 독서는 모든 공부의 기초가 되며, 대학생활의 기본 소양입니다. (중략) 수많은 책들 가운데 그 책이 나에게 왜 의미가 있었는지, 읽고 나서 나에게 어떤 변화를 주었는지 생각할 수 있었으면 좋겠습니다. 서울대학교는 독서를 통해 생각의 힘을 키운 학생을 기다립니다."

다양한 시대적 요구와 사회 환경의 변화로 인해 우리나라 교육부에서는 대입의 선발 방법을 다양하게 변화시켜 왔습니다. 그러나 대학에서 요구하는 '넓고 깊게 공부하고자 노력하는' 학생상에는 큰 변화가 없기 때문에 다양한 책을 통해 지식을 습득하고, 습득된 지식을 바탕으로 다양한 후속 활동이 이루어진다면 입학사정관의 관심을 끌 수 있는 생기부와 세특이 될 것이라고 생각합니다. 화학은 물론이고, 다른 모든 과목에도 두루 적용되는 본질적인 이야기임을 기억하세요.

생명과학 선생님, 생명과학 생기부 어떻게 대비해야 하나요?

생명과학은 생명체의 구조, 기능, 발생, 진화 및 생태학 등을 연구하는 학문입니다. 미생물, 동물, 식물, 인간 등 연구 대상이 다양할 뿐만 아니라 유전자, 세포, 기관, 생리학, 동물행동, 생태학 등 생명체를 연구하는 수준 또한 폭넓기에 미시적 관점과 거시적 관점으로 대상의 특성을 분석하는 역량이 모두 필요합니다. 나아가 창발적 특성이 두드러지게 나타나는 분야이기에 생명체를 하나의 시스템으로 바라보는 접근이 가장 필요한 학문이죠. 특히 현대 사회의 화두인 의료 복지, 수명 연장, 역노화, 환경 보전 등 인류의 건강 증진과 생태계 평형 유지를 목적으로 한 모든 연구에 가장 기초적이고 필수적인 학문입니다.

'생명과학 과세특에 어떤 내용이 들어가면 좋을까?'를 고민한다면 거꾸로 생명과학을 전공하기 위해 갖추어야 할 소양이 무엇일지를 생각해 보면 좋습니다. 우선 생명과학은 물리학, 화학, 지구과학 등 다른 과학 분야보다 연구 윤리뿐만 아니라 생명윤리에 대한 논란이 뒤따르는 경우가 많습니다. 유전자 치료나 줄기세포를 활용한 기술에 관한 토론 활동, 연구 윤리를 위반한 사례 탐구 등을 수행하며 미래의 연구자로서 연구 윤리를 함양하기 위해 노력하고 생명윤리에 관해 고민한 흔적을 보여줄 수 있습니다.

또한 생명과학을 전공하기 위해서는 실험 설계 및 수행 능력과 자료 해석 능력이 필수적입니다. 특히나 생명체를 대상으로 한 실험은 결과의 타당성을 위해 대조 실험을 수행하는 과정에서 여러 번의 실패와 어려움을 겪게 됩니다. 대조군과 실험군의 온도, 습도 등의 변인을 통제하는 것은 가능할 수 있어도 두 개체의 컨디션을 모두 동일한 상태로 설정하기 어렵기 때문이죠. 이를 보완하기 위해 집단을 대상으로 연구가 진행되고, 임상시험 등을 통해 다른 개체에도 일반화할 수 있는지 파악해야 하는 점 또한 생명과학 연구의 독특한 특성입니다.

따라서 연역적 탐구 방법에 대해 학습했다면 자유 주제를 정하여 실험을 직접 설계하고 수행해 보는 경험을 해볼 것을 추천합니다. 과학적으로 검증하기 적합한 주제를 정하는 과정, 정교하게 실험을 설계하는 과정, 결과를 분석하고 결론을 도출하는 과정을 경험하면서 한 단계 성장하는 모습과 문제점을 해결하기 위해 어떤 사고 과정을 거치며 학습해 나가는지를 드러낼 수 있습니다.

생명과학 실험이 동물과 식물만을 대상으로 하는 것은 아닙니다. 세균이나 원생생물 등의 미생물을 현미경으로 관찰하거나 이를 배양하면서 다양한 연구를 진행할 수도 있습니다. 또한 최근에는 컴퓨터를 이용해 방대한 생물의 유전자 정보 등 각종 생명 정보를 분석하고 처리하는 바이오인포매틱스(생명정보학) 분야가 각광받고 있습니다. 미국 국립생물공학정보센터NCBI에 접속하여 생물의 유연관계를 파악해 보거나 관심 있는 유전자의 염기서열을 검색해 보는 탐구 활동을 할 수 있으니 관심을 가져 보세요. 정밀한 연구를 하기 힘든 학생들도 환경에 제약받지 않고 관심을 나타낼 수 있습니다.

생명과학 과세특의 활동 주제를 정할 때는 교과 학습 내용에 뿌리를 두고 확장하길 바랍니다. 교과와 유의미하게 연계되지 않은 주제는 교과 개념을 얼마나 잘 성취했는지 드러내기 어렵습니다. 따라서 어떤 활동을 수행하더라도 학습 내용과 관련된 궁금증으로 시작해 보길 바랍니다. 그 과정에서 관련 도서를 적극적으로 활용하기를 권장합니다. 출처가 불분명한 단순한 인터넷 검색, 특히 생성형 인공지능을 이용하는 경우에는 교묘하게 잘못된 정보가 섞여 들어가는 경우가 많기 때문에 조사한 내용을 비판적으로 받아들여야 합니다. 다양한 검색 수단을 두루 활용하되, 무엇보다 독서 활동을 통해 공신력 있는 저자들의 의견을 듣고 지식을 얻음으로써 궁금증에 대한 깊이 있는 답을 찾을 수 있고 생각하는 힘을 기를 수 있습니다. 나아가 새로운 의문을 생성하면서 나만의 차별화된 주제를 설정할 수 있을 것입니다.

지구과학 선생님, 지구과학 생기부 어떻게 대비해야 하나요?

지구과학은 지구와 지구 너머의 우주를 연구하는 학문으로 지질학, 천문학, 기상학, 해양학 등 학습의 범위가 광범위합니다. 하지만 이를 따로따로 학습하기보다는 시스템적 관점에서 이해하는 사고 능력과 지구에서 나타나는 현상을 수학적, 물리적, 화학적, 생명과학적 이해를 바탕으로 설명하는 것이 중요합니다. 지구과학을 공부하려면 수학, 물리, 화학, 생명과학을 다 알아야 한다고 하니 막막할 수도 있겠지만, 반대로 뒤집으면 지구과학을 통해 다른 과목의 학업 역량을 드러낼 수 있는 좋은 기회가 되기도 합니다.

이는 지구과학 도서를 읽고 세특에 적용할 때도 통하는 이야기입니다. 한 권의 좋은 지구과학 책은 다른 과학 과목과 수학 나아가 인문, 사회, 경제 분야로 확장하여 적용하기에 적절합니다. 그러므로 하나의 편협한 주제에 한정하지 말고, 다양한 측면에서 생각하고 논리적으로 표현해 내는 능력이 있다면 더욱 돋보이는 생기부를 만들 수 있을 것입니다.

지구과학은 최근 주목받는 빅데이터 분석이나 AI를 활용함으로써 정보과학에서의 학업 역량을 드러내기에도 매우 좋은 과목입니다. 하지만 이러한 각 학문의 학업 역량을 제대로 드러내기 위해서는, 단순히 지구과학이라는 소재만을 차용하여 개별 학문의 역량을 뽐내서는 곤란합니다. 융합하고자 하는 학문이 지구과학에 어떻게 적용되었는지, 결론을 도출하는 과정에서 지구과학적으로 이해한 내용에 과학적 오류가 없는지 꼭 확인하기 바랍니다.

우리가 지구에 살고 있는 만큼 실생활과 연결 지어 학습하는 것도 중요합니다. 직접 관찰한 현상에 호기심을 갖고 과학적으로 이해하려고 노력하거나, 수업 시간에 학습한 내용과 관련 지어 실생활에 적용하여 문제를 해결하는 모습이 바로 그것입니다. 예를 들어 지진이나 화산 폭발 현상, 기상 현상, 미세먼지 문제, 기후 변화 문제 등 실제로 나타난 현상 또는 그로 인해 나타난 변화를 직접 관측하여 데이터를 수집하고, 이를 분석해 결론을 도출하거나 시서점을 끌어내는 활동을 해볼 수 있습니다.

지구과학 교과서를 살펴보면, 지구에서 일어나는 현상을 나타낸 모식도와 데이터를 시각화한 자료들이 많습니다. 또한 교과서에 제시된 탐구 활동을 살펴보면, 실험 활동보다 자료 분석 활동이 많습니다. 지구과학의 특성상 시공간적 스케일이 크기 때문에 실험으로 재현하는 데 어려움이 있기 때문입니다. 이러한 시공간적 제약을 넘어서기 위해 모형을 제작하거나 시뮬레이션 프로그램을 활용할 수 있습니다. 이미 개발된 프로그램을 활용하여 후속 활동을 진행하는 것도 좋고, 더 나아간다면 여러분이 직접 모형을 개발하거나 콘텐츠를 만드는 활동을 해보는 것을 추천합니다.

우리나라뿐만 아니라 전 세계 과학자들이 지구에서 여러 물리량을 측정하여 데이터를 제공합니다. 방대한 양의 데이터를 이해하기 좋게 시각화하여 나타내는 것 또한 중요합니다. 같은 데이터를 가지고도 시각화하는 방법은 여러 가지입니다. '무엇을 알아보고자 하는지, 혹은 무엇을 보여주고자 하는지'에 중점을 두어 데이터를 시각화하여 나타내고 이를 분석하여 유의미한 결론을 내는 것은 매우 중요한 과학적 탐구 과정입니다.

다음 장에서는, 특히 이공계열 진로를 희망하는 학생들을 위해 물리, 화학, 생명과학, 지구과학의 각 과목별로 어떤 책들을 읽고 어떤 방향으로 후속 활동을 진행할 수 있을지 소개하려합니다. 학생들이 나아갈 큰 방향을 제시하는 동시에 최대한 구체적이고 실용적인 팁을 담기 위해 고등학교 현직 과학 선생님들이 모여 오랜 시간 고민했습니다. 40권의 필독서를 제대로 읽고 생기부에 녹여내는 법, 지금부터 귀 기울여 주시기 바랍니다.

PART
2

물리학 선생님이
소개하는
물리학 책 읽기

★ ★ ★ ★

BOOK 1

《물리학은 처음인데요》

마쓰바라 다카히코 | 행성B | 2018

수업 시간에 달달 외우던 물리 공식, 색다르게 들여다보자

「물리학 I 」첫 수업은 선생님에게 늘 설레입니다! 통합과학을 거쳐 물리학이라는 세부 과목을 선택한 학생들이 참 반갑고 앞으로 함께할 시간이 무척 기대됩니다. 첫 시간이면 선생님은 '탐구를 통해 자연의 비밀을 밝히는 학문'이라고 물리학을 소개합니다. 멋있게 들리지요? 그렇지만 안타깝게도 학생들이 실제로 느끼는 물리학 과목은 이렇게 낭만적이지 못한 것 같습니다. 1장인 '힘과 운동' 단원이 채 끝나기도 전에 학생들은 물리학을 어렵고 재미없는 과목이라고 생각하곤 합니다.

이 책에서는 학생들이 물리학을 재미없다고 생각하는 이유가 '개념을 학습하는 과정'에 있다고 말합니다. 개념을 '의미'가 아닌, 도표나 수식, 공식의 암기로 접근하기 때문이라는 것이지요. 예를 들어, 「물리학 I」과목에서 포물선 운동 관련 문제를 풀기 위해서는 암기해 두었던 등가속도 운동 공식들을 활용해야 합니다. 만일 포물선 운동의 특징과 의미에 대해 잘 파악하고 있지 않다면 문제해결 과정은 그저 복잡하고 지루한 계산이 되어 버리고 맙니다. 여기에 더해서, 문제를 풀기 위해서는 마찰과 공기저항을 무시하고, 중력가속도는 일정하다고 가정해야 하는데요, 교과서를 찬찬히 살펴봐도 그 이유에 대한 설명을 찾아보기는 힘듭니다. 이렇게 의미가 빠져 있는 물리학 계산 속에서 학생들은 물리학에 대한 흥미를 잃고, 물리학은 재미없는 과목이라는 오해를 합니다. 그래서 이 책은 다양한 물리학 개념들을 수식과 도표를 최대한 배제한 채, 개념의 의미를 중심으로 쉽게 설명합니다. 이를 통해 물리학의 진정한 가치와 매력이 무엇인지 학생들이 스스로 생각해볼 수 있도록 도와줍니다.

선생님이 이 책을 추천하는 첫 번째 이유는, 물리학 개념들을 쉬운 글로 풀어 설명하고 있기 때문입니다. 저자가 '물리학 초보자도 이해하는 책을 만들고자 했다'고 서문에서 밝혔듯이, 학생들이 외워서 활용하던 공식들을 의미를 중심으로 쉽게 풀어 설명합니다. 그래서 수식과 도표만 보면 지레 겁을 먹고 뒷걸음질 쳐왔던 물리 왕초보 학생들도 물리학에 대한 자신감이 싹트는 것을 경험할 수 있습니다.

이 책을 추천하는 두 번째 이유는 근대 물리학의 탄생 경위부터 양자론과 상대론에서의 논쟁까지, 과학사의 중요한 일화들을 따라가며 물리 개념을 설명한다는 점입니다. 물리학 개념이 등장한 배경을 일화와 엮어서 표현해서, 각 장을 한 편의 짧은 소설을 읽듯이 즐겁게 읽어 나갈 수 있습니다.

세 번째 이유도 있습니다. 이 책의 저자는 현재의 교육 방식 안에서 많은 학생들이 물리학을 어려워하고 있다는 점에 남다른 문제의식을 가진 사람입니다. 그래서 독자들에게 물리학의 진정한 가치를 전하기 위해 노력하고 있습니다. 1장에서는 물리학의 아름다움과 그 본질에 대한 통찰을 전하며, 책의 마무리 부분에서는 물리학 연구자가 지녀야 할 태도와 자세에 대한 저자의 생각을 들려 줍니다. 이 책을 통해 물리학의 진정한 재미를 느끼고, 나아가 물리학 연구자로서의 진로에 대해서도 깊이 있게 고민해 보는 계기가 된다면 좋겠습니다.

이 책을 읽을 때 이렇게 읽어 보는 것을 추천합니다. 물리학이 낯선 학생이라면 '물리학은 왜 필요할까'에 대하여 한번 생각해 봅시다. 책을 읽으며 저자가 제시하는 물리학의 의미에 대해서 깊이 있게 생각해 보고, 물리학이라는 하나의 세계에 대한 이야기를 읽는다는 생각으로 접근한다면 물리학과 한걸음 가까워질 수 있을 것입니다.

만약 물리학에 어느 정도 자신이 있는 학생이라면, 물리학 수업 시간에 배운 내용들을 책에서는 어떻게 설명하고 있는지 비교해 봅시다. 자신이 알고 있는 개념들을 다시 한번 확인하고 이해를 심화시키는 기회로 삼으면 좋겠습니다. 혹, 잘못 알고 있던 개념을 수정하는 계기가 된다면 더없이 좋겠지요.

생기부 후속 활동으로 확장하기

물리학 개념을 활용해 주제 탐구 발표하기

❖ 책에서는 물리학 개념을 수식과 도표를 활용하지 않고 의미 중심으로 설명합니다. 책에 소개되지 않은 심화 개념을 탐구하고 이를 소개해 봅시다. 이때, 책과 같은 방식을 차용하여 수식과 도표 외에 의미 중심으로 친구들을 이해시키는 데 초점을 두도록 합니다. 본인의 진로와 연관된 개념을 주제로 삼는다면, 진로에 대한 열정과 애정을 드러낼 수 있습니다.

예를 들어 전기전자공학과 진학을 꿈꾸는 학생이라면 전자기학의 토대가 되는 수식인 맥스웰 방정식을 소개해볼 수 있습니다. 맥스웰 방정식의 수식은 모양이 복잡하고 어려운 것이 특징입니다. 맥스웰 방정식의 수식 자체를 설명하려 하지 말고, 맥스웰 방정식의 네 가지의 수식이 교과서에 등장하는 가우스 법칙, 자기 홀극의 부재, 패러데이 법칙, 앙페르 법칙과 각각 연관된다는 사실을 보여줄 수 있습니다. 교과서에서 배운 각 법칙의 의미를 다시 짚어 주며, 맥스웰 방정식의 네 가지 수식이 전달하고자 하는 바를 수식과 도표 없이 설명해 봅시다.

❖ 물리학 외에 화학, 생명과학, 지구과학 분야의 개념을 설명할 때도 역시 다양한 수식과 도표가 활용됩니다. 다른 과목의 개념들 역시 수식과 도표 없이 쉽고 흥미롭게 설명하여 융합적인 연구자의 면모를 드러내 보았으면 합니다.

쉬운 물리학 교과서 제작하기

친구들과 함께 책을 읽고 목차의 주제를 하나씩 나누어 분석해 봅시다. 책에서 서술하는 방식과, 수식과 도표를 활용한 설명을 서로 비교하고 그 과정에서 물리학 개념에 대해 새롭게 갖게 된 시각이나 더 깊게 이해하게 된 부분을 정리하여 공유합니다.

이제 그 내용을 바탕으로 각자 영역을 분담하여 '의미 중심 교과서'인《쉬운 물리학 교과서》를 집필해 봅니다. 교과서의 원래 순서를 바꾸어도 좋고, 일러스트나 삽화를 넣어도 좋습니다. 쉽고 재미있게 설명하는 것에 초점을 두고 세상에 하나뿐인 물리학 교과서를 제작해 봅시다. 본인이 직접 모델이 되어서 찍은 사진을 싣는 것도 좋은 방법입니다. 혹은 생성형 인공지능을 활용하는 것도 추천합니다. 마이에딧, 미드저니, DALL·E3 등을 활용해 보세요.

✿ 관련학과
물리학과, 공학계열 모든 학과

⬥ 같이 읽으면 좋은 책
《10대에게 권하는 물리학》(이강영 | 글담 | 2023)

《물리지 않는 물리학》(이노키 마사후미 | 필름 | 2021)

《한번 읽으면 절대 잊을 수 없는 물리 교과서》(이케스에 쇼타 | 시그마북스 | 2023)

《이런 물리라면 포기하지 않을 텐데》(이광조 | 보누스 | 2021)

《머릿속에 쏙쏙! 물리 노트》(사마키 다케오 | 시그마북스 | 2021)

《스토리 물리학》(김현벽, 강다현 | 글라이더 | 2018)

BOOK 2

《파인만에게 길을 묻다》

레오나르드 믈로디노프 | 더숲 | 2017

위대한 물리학자 파인만이
나의 스승이 되어 준다면

순수물리학에 관심 있는 학생이라면 한 번쯤은 역사에 남을 위대한 발견을 하고 한 분야의 권위자가 되는 꿈을 꾸어 봤을 것 같습니다. 여기, 그 길에 먼저 들어선 한 선배의 이야기를 담은 책이 있습니다. 저자인 레오나르드 믈로디노프Leonard Mlodinow는 만 20세의 나이에 원자물리학의 수수께끼를 푸는 힌트가 되는 무한차원에 대한 논문을 발표합니다. 이 논문으로 그는 유능함을 인정받아 당대 최고의 학교 중 하나인 캘리포니아 공과대학(칼텍)에 스카우트 됩니다.

젊은 과학자 플로디노프는 막상 칼텍에 발을 디딘 후, 주위의 위대한 선배 과학자들을 보면서 자신과 비교하게 됩니다. 그러면서 위축되고 불안해하며 방황하게 되지요. 그때 우연히 만난 스타 물리학자가 바로 같은 층 연구실에 있던 리처드 파인만 Richard Feynman이었습니다. 파인만과 대화를 나누면서 그는 과학자로서 품은 여러 가지 고민에 대해 조언을 구했고, 파인만을 스승으로 삼게 됩니다.

파인만에 대한 경외감이 컸던 저자는 그와 나눈 대화를 메모와 녹취를 통해 남겨 두었는데요, 약 20년 후 그 기록을 바탕으로 이 책을 세상에 내어 놓습니다. 이 책에는 파인만과 함께하며 연구와 삶의 태도에 대해 치열하게 고민하던 저자의 젊은 날이 마치 한 권의 소설처럼 생생히 묘사되어 있지요.

책 속에서 저자는 파인만과 다양한 주제로 대화하며 연구자로서, 한 인간으로서 삶을 바라보는 태도를 형성하고 점차 성장해 나갑니다. 삶과 행복의 본질에 대한 저자의 고찰 또한 엿볼 수 있지요. 그렇기에 물리학자라는 진로를 꿈꾸는 학생이라면 저자에게 건넨 파인만의 조언이 자신의 이야기처럼 크게 와닿을 것이라 생각합니다. 저자와 파인만의 대화 속에 본인도 함께한다고 생각하고 스스로 질문하고 답해 보며 본인만의 답을 함께 찾아볼 것을 권합니다.

이 책의 또 한 가지 매력은 소설처럼 아주 재미있다는 것입니다. 시나리오 작성이 취미였던 저자는 일반적인 과학책과 달리 흥미진진하게 이야기를 풀어 갑니다. 리처드 파인만을 만나며 점점 성장해 나가는 본인의 이야기뿐 아니라, 노벨상 수상자였던 머레이 겔만Murray Gell-Mann과 파인만의 라이벌 구도, 끈이론(만물의 최소 단위가 점 입자가 아니라 '진동하는 끈'이라는 물리이론)의 초창기에 이를 지지한 과학자들과 반대편에 선 과학자들의 논쟁, 그리고 그 결과까지 당시 물리학계를 둘러싼 다양한 이야깃거리가 생생히 담겨 있습니다.

학생들은 이 책을 읽고 이렇게 활용해 보면 좋겠습니다. 물리학자로서 진로를 생각하고 있다면 책을 읽으며 물리학자가된 미래의 내 모습을 상상해 보는 겁니다. 저자가 칼텍에 처음와서 느꼈을 감정은 어떠했을지 그려 보세요. 그리고 저자와 함께 파인만의 조언을 듣는다고 상상하며 책에 나오는 여러 질문에 대한 스스로의 답을 고민해 봅시다. 그렇게 저자와 함께 성장하는 간접적인 경험을 할 수 있다면 좋겠습니다. 위대한 리처드 파인만을 스승으로 삼고 가르침을 얻는 것이지요.

만약 아직 진로를 고민 중인 친구들이라면 물리학자로서의 삶이 어떨지를 책을 통해 체험해 보는 기회로 삼아 봅시다. 직업을 대하는 파인만의 태도는, 앞으로 어떤 진로를 선택하든 중요한 기준이 될 것이라 생각합니다.

생기부 후속 활동으로 확장하기

나의 꿈 성찰하기

파인만은 과학자의 자질에 대해 이렇게 강조합니다. 무엇보다 자신이 하는 연구가 옳다고 믿고, 연구 과정에서 재미를 느껴야 한다는 것이죠. 물리학자를 꿈꾸는 학생이라면 파인만의 조언에 담긴 의미에 대해 깊이 있게 생각해 보고 어떤 연구를 하고 싶은지, 연구를 대하는 본인의 마음가짐은 어떠한지를 돌아봅시다. 파인만의 조언과 저자의 생각을 참고하여 본인만의 답을 찾아 보았으면 합니다.

아직 진로를 명확하게 정하지 못한 경우, 파인만이 물리학자로서 직업을 대하는 태도가 어떠했는지 정리해 보고 본인의 진로 탐색에 적용해 본다면 좋겠습니다.

파인만 같은 스승 찾기

파인만과 플로디노프의 관계처럼 자신을 이끌어줄 스승을 주위에서 찾아 봅시다. 담임 선생님이 될 수도 있고, 교과 선생님, 혹은 부모님이나 친구가 될 수도 있겠지요. 쉽지 않다면 유명 과학자를 '사숙'해 보는 것도 좋습니다. '사숙'이란 직접 만나 배우지는 않지만, 마음속으로 그 사람을 본받아서 학문을 닦는 것을 말해요. 자신의 꿈과 미래에 대해서 조언을 구하고 고민을 나눌 스승을 찾았다면, 그 사람과의 교류를 통해 얻게 된 새로운 시각과 생각을 정리하여 발표하고 친구들과 공유해 봅시다.

스승을 찾기 어려운 친구들에게 도움이 될 책도 한 권 소개합니다. 《과학자들의 자화상》이라는 책으로, 다양한 국적의 훌륭한 과학자들 60명을 인터뷰하여 수록했습니다. 이들이 각자의 분야에서 연구 주제를 파고들면서 겪은 실패와 극복의 이야기들을 실은 책입니다. 그중 본인에게 울림을 주는 과학자가 있다면 추가적인 조사를 통해 더 알아보고 스승으로 삼아 본다면 좋겠습니다.

🔅 **관련학과**

물리학과, 이공계열 모든 학과

📖 **같이 읽으면 좋은 책**

《과학자들의 자화상》(헤를린데 쾰블 | 북스힐 | 2022)

《리처드 파인만》(크리스토퍼 사이크스 | 반니 | 2017)

《소년은 어떻게 과학자가 되었나》(오구리 히로시 | 바다출판사 | 2022)

《과학자의 생각법》(로버트 루트번스타인 | 을유문화사 | 2017)

《나는 연구하고 실험하고 개발하는 과학자입니다》(정종수 | 플루토 | 2022)

《젊은 여성 과학자의 초상》(린디 엘킨스탠턴 | 흐름출판 | 2023)

《과학자가 되는 방법》(남궁석 | 이김 | 2018)

《물리학의 최전선》

아닐 아난타스와미 | 휴먼사이언스 | 2011

남극에서 사막까지,
극한의 현장 속 실험 물리학자의 세계로

여러분은 물리학자라고 하면 어떤 이미지가 떠오르나요? 작고 어두운 실험실, 엄청난 양의 서류 더미, 외계어 같은 수식이 쓰인 화이트보드 등이 떠오르지는 않나요? 물리학자라고 하면 실험하는 모습보다는 이렇게 이론 물리학자의 모습을 많이 떠올립니다. 하지만, 여느 과학이 그러하듯 위대한 발견은 이론만으로는 이루어질 수 없습니다. 실험이 보조를 맞추어 이론을 검증해 주었을 때 비로소 완성될 수 있지요. 우주론과 입자물리학이 물리학계의 화두인 지금, 우주의 비밀을 밝히기 위해 실험 물리학자들은 세계에서 가장 깊은 곳, 가장 추운 곳, 가장 높은 곳에서 목숨을 건 실험에 도전합니다. 이 책은 바로 이러한 실험 물리학자들의 분투기와 그 속의 희노애락을 담고 있습니다.

이 책은 실험 물리학의 현장을 아주 생생하게 전합니다. 과학 저널리스트이자 소설가 지망생이었던 저자는 현장을 생동감 있는 묘사로 그려 냈고, 취재 과정에서 나눈 대화를 마치 소설처럼 흡인력 있게 풀어 냅니다. 현장 사진까지 풍부하게 곁들였지요. 그래서 500페이지에 달하는 두꺼운 책인데도 책장이 빠르게 넘어갑니다. 책을 읽다 보면 현대 물리의 이론과 실험에 대해 자연스럽게 파악하게 됩니다. 최신 연구 주제뿐 아니라 첨단 연구 장비들에 대해서도 잘 소개하고 있어서, 현대 물리학의 주요 쟁점과 실험 장비의 발전상도 살펴볼 수 있지요.

사실 고등학교 교육과정에서는 실험 물리학을 거의 다루지 않습니다. 그래서 이 책을 통해 실험 물리학의 세계를 간접적으로 체험해 본다면, 물리학자로의 진로를 한층 구체적으로 생각해 보고 진지하게 꿈꿀 수 있지 않을까 합니다. 혹시 막연히 물리학자를 꿈꾸고 있었다면, 이론과 실험 중 어느 쪽이 더 가슴이 뛰나요? 이 책을 통해 내가 가고 싶은 길이 조금 더 선명해지는 계기가 된다면 좋겠습니다.

이 책을 읽을 때는 먼저 하나의 모험 소설을 읽듯이 처음부터 쭉 따라가 보세요. 저자와 함께 지구 이곳저곳의 극한 환경을 함께 여행하는 듯한 느낌을 받을 수 있을 거예요. 윌슨 산 천문대에서 남극점까지 여정을 마쳤다면, 긴 여행 중 가장 인상 깊었던 연구소를 선택하여 추가 조사를 해보도록 합니다. 책이 출판된 지 10년이 넘게 지났기 때문에, 그간 연구소에서 추가로 이루어진 발견도 있을 것이고, 현재는 또 다른 목표 아래 새로운 실험이 진행되고 있을 것입니다. 그 내용을 찾아보고 친구들에게 소개하는 자료를 만들어 발표해 보도록 합니다.

실험 물리학에 관심이 있는 학생이라면 저자가 만난 실험 물리학자 중에서, 혹은 새로 조사한 실험 물리학자 중에서 본인의 롤 모델로 삼을 만한 인물을 찾아 소개하는 활동을 해보도록 합시다. '미리 캔버스' 등을 활용하여 포스터의 형태로 과학자 소개와 과학자의 업적 소개, 관련 일화와 존경하는 이유 등을 정리하여 발표한다면 전달력을 한층 높일 수 있겠지요.

생기부 후속 활동으로 확장하기

물리학 최전선 확인하기

책 속에 나온 연구소 중 관심 있는 한 곳을 선택하여 홈페이지와 유튜브 공식 채널, 뉴스 기사 등을 통해 검색해 봅니다. 저자가 취재한 이후에 이루어진 연구와 그 결과, 현재 연구 중인 내용에 대해 정리하여 발표할 수 있습니다. 추가적으로, 본인이 그 연구소에서 해보고 싶은 실험이 있다면 함께 소개해 봅시다.

예를 들어 책에 첫 번째로 등장하는 월슨 산 천문대 연구소 홈페이지를 방문하면, 연구소의 역사와 그동안 근무했던 과학자들을 시대별로 확인할 수 있고, 월슨 산 연구소의 뉴스레터 Reflections를 통해 최신 연구 주제와 성과를 확인할 수 있습니다.

| 참고 사이트 |

❖ 월슨 산 천문대 연구소 홈페이지(www.mtwilson.edu)

대동실험지도 만들기

본인의 진로와 관련 있는 국내 연구소들을 조사하고, 연구소의 특징과 연구소에서 하는 실험에 대해 간단하게 정리하여 이를 지도 위에 표시해 봅시다. 네이버 지도와 구글 지도의 '저장' 기능 메모를 활용한다면 나만의 대동실험지도를 편리하게 만들 수 있습니다.

추가적으로 본인이 진학하고자 하는 대학교 연구소의 지난 발견과 현재 연구 중인 주제에 대해서 파악해 두는 것도 바람직하겠지요.

실험 물리학자 롤 모델 찾기

이 책과 아래 제시한 '같이 읽으면 좋은 책'들을 통해 국내외 실험 물리학자들에 대해 알아보고 관심이 가는 인물에 대해 추가 조사를 해봅니다. 인물에 대한 소개, 연구 내용 및 선정 이유, 배울 점에 대해 정리하고 이를 포스터 또는 카드 뉴스의 형태로 만들어 친구들 앞에서 발표해 봅시다.

⬡ 관련학과

물리학과

▥ 같이 읽으면 좋은 책

《LHC, 현대 물리학의 최전선》(이강영 | 사이언스북스 | 2014)

《물리학자의 시선》(김기태 | 지성사 | 2020)

《물리학자의 진로를 바꾼 40가지 위대한 실험》(김기태 | 하늘아래 | 2009)

《과학자들은 왜 깊은 바다로 갔을까?》(김동성 외 | 교보문고 | 2022)

《슈뢰딩거의 고양이》(애덤 하트 데이비스 | 시그마북스 | 2017)

《과학자도 모르는 위험한 과학기술》(피터 타운센드 | 동아엠앤비 | 2018)

《물리와 친해지는 1분 실험》(사마키 다케오 | 그린북 | 2014)

《과학자는 이렇게 태어난다》(진정일 | 궁리출판 | 2017)

《세상 모든 것의 물질》(수지 시히 | 까치 | 2024)

BOOK 4

《반도체 구조 원리 교과서》

니시쿠보 야스히코 | 보누스 | 2023

슈퍼 전자 부품,
반도체를 제대로 이해하고 싶다면

최근 입시에서 고려대, 연세대, 카이스트, 포항공대 등 국내 여러 대학들이 반도체 관련 학과를 신설했습니다. 일부 대학의 반도체 관련 학과들은 삼성전자, SK하이닉스 등의 기업과 협약을 통해 졸업생들의 반도체 분야 취업을 보장하고 있습니다. 장학금 및 해외 연수, 실무진과의 멘토링 등 다양한 혜택을 제공하기도 하지요.

이런 여러 장점 덕분에 2024년 정시에서 반도체 관련 학과들의 경쟁률은 평균을 크게 웃돈 것을 확인할 수 있었습니다. 실제로 이 분야에 관심을 가지는 친구들이 매해 증가하는 것을 선생님도 실감하고 있습니다. 혹시 반도체공학 분야로 진학을 염두에 두는 친구들이라면 이 책을 꼭 읽어 보면 좋겠습니다.

이 책은 오랜 시간 반도체 엔지니어로 일한 저자가 반도체의 구조와 원리, 제조 공정 등에 대해 상세히 설명해 주고 반도체 기술 속의 핵심적인 과학 개념들을 짚어 주는 책입니다. 군데군데 복잡한 개념들이 등장하지만 일러스트와 그래프를 적극 활용하여 이해하기 쉽게 설명하고 있어요. 과학 지식뿐 아니라, 글로벌 반도체 제조사 현황과 전망에 대해서도 폭넓게 다루고 있어 여러분이 향후 진로 계획을 세우는 데도 유용할 듯합니다.

이 책을 통해 학생들은 먼저 반도체와 관련된 기초 물리학 지식을 점검해볼 수 있습니다. 이 책의 1장 초반에 다음과 같은 내용이 나옵니다.

"반도체라고 하면 전기 저항이 도체와 절연체의 중간 정도인 재료라고 생각하기 쉽다. 그러나 전기저항이 중간이라는 것만으로는 반도체의 조건을 만족하지 못한다. 전자 부품으로서 반도체가 가진 최대 특성은 불순물을 첨가했을 때 전기저항이 절연체에 가까운 상태에서 도체에 가까운 상태로 성질이 변화한다는 것이다."

이 부분을 읽고 선생님도 모르게 엄지와 중지를 튕겨 '딱' 소리를 내었습니다. 대입 면접 상황에서 '반도체의 전기전도성'에 대한 질문을 받았다고 생각해 봅시다. "도체와 절연체의 중간 정도의 전기전도성을 갖는 물질입니다"라는 답과 "불순물을 첨가하기 전은 절연체와 비슷한 전기전도성을 지니지만 불순물을 추가하면 도체에 가까운 전기전도성을 지닙니다"라는 답 중 어느 쪽이 더 좋은 평가를 받을 수 있을까요? 반도체의 특성을 더 잘 이해하고 있는 두 번째 답일 것입니다. 이렇게, 이 책을 통해 교과서에서 배운 기초 반도체 지식을 정확하게 확인하고 확장해 나갈 수 있습니다. 나아가 반도체 관련 학과의 대입 면접 준비에도 유용하게 활용할 수 있을 것이라 생각합니다.

이 책의 1장에서 4장까지는 「물리학 I」의 '물질의 전기적 특성 및 다이오드', 「물리학 II」의 '트랜지스터' 단원 등 고등학교 교육 과정 일부를 다루고 있습니다. 반도체의 기본적인 구조와 원리, 반도체 소자의 기본 작동 원리에 대해 설명하는 내용이지요. 그런데 5장부터는 학생들이 쉽게 접해 보지 못했을 내용이 등장합니다. LSI의 설계부터 제조 공정, 실장 기술 등은 아마 잘 몰랐던 친구들이 훨씬 많을 것입니다. 반도체의 공정을 정확히 알고 스스로 설명할 수 있다면, 반도체 관련 학과를 지원하는 경우 큰 장점이 되겠죠.

각 과목의 수행평가 시, 이 책을 통해 알게 된 내용에 스스로 조사한 내용을 덧붙여서 적절히 활용해 봅시다. 대학별 면접에서도 관련 지식을 드러내고, 반도체에 대한 애정과 관심을 표현하는 기회로 활용하면 좋겠습니다.

생기부 후속 활동으로 확장하기

반도체 관련 주제로 주제 탐구 발표하기

주제 탐구 발표를 하거나 주제 탐구 보고서를 작성할 때 반도체와 관련한 주제들(반도체의 구조, 공정, 원리, 전망 등) 중 하나를 선택한 후 추가 조사를 통해 책의 내용에 살을 붙여 봅시다. 여러 시각 자료를 활용하여 발표 자료를 제작할 수 있습니다.

논문 조사하기

반도체와 관련된 세계 또는 국내의 최신 논문을 찾아 봅니다. 논문을 이해하기가 쉽지는 않겠지만 위의 책을 잘 소화해 낸 학생이라면 도전해볼 만합니다. 최신 논문의 내용을 요약하고 그 과정에서 새롭게 알게 된 점을 정리하여 친구들 앞에서 발표해 봅시다. 대부분의 고등학교에서는 한 개 이상의 논문 검색 사이트를 구독하여 사용하고 있습니다. 대표적인 논문 사이트는 다음과 같으니 참고하세요. 접근 권한이 필요할 경우, 과

학부 담당 선생님 또는 사서 선생님에게 문의하면 도움을 얻을
수 있습니다.

| 참고 사이트 |

❖ 국내 학술논문 검색

한국학술정보(kiss.kstudy.com)

학술연구정보서비스(www.riss.kr)

디비피아(www.dbpia.co.kr)

❖ 해외 학술논문 검색

구글 스칼라(scholar.google.com)

최신 반도체 기술 동향 조사

다양한 매체의 뉴스 기사를 통해 최신 반도체 기술의 동향
을 조사해 봅니다. 국내와 해외로 나누어 동향을 조사하고 앞으
로의 전망을 스스로 생각해본 뒤, 진학하고 싶은 대학교와 취업
하고 싶은 회사, 혹은 연구해 보고 싶은 반도체 관련 분야에 대
해 발표해 봅시다.

반도체 박물관 방문

경기도 수원시에 있는 삼성이노베이션뮤지엄 방문을 추천
합니다. 삼성이노베이션뮤지엄은 전자산업의 역사와 더불어 삼

성전자가 주도해온 반도체, 디스플레이, 모바일을 통한 정보 분야 발전의 성과를 전시하고 있습니다. 국내 반도체 시장을 오랜 기간 선도한 기업인 만큼, 이 산업 분야를 글만이 아닌 눈으로 직접 확인하는 기회가 될 것입니다. 도슨트 투어 신청도 가능해서 한층 실감나는 설명을 들을 수 있습니다. 평일 방문의 경우 사전에 홈페이지를 통해 예약해야 합니다.

| 참고 사이트 |

❖ 삼성이노베이션뮤지엄(www.samsunginnovationmuseum.com)

관련학과

반도체공학부(과)

같이 읽으면 좋은 책

《반도체 제국의 미래》(정인성 | 이레미디어 | 2024)

《반도체 넥스트 시나리오》(권순용 | 위즈덤하우스 | 2021)

《반도체 대전 2030》(황정수 | 한국경제신문사 | 2021)

《진짜 하루만에 이해하는 반도체 산업》(박진성 | 티더블유아이지 | 2023)

《교양으로 읽는 반도체 상식》(고죠 마사유키 | 시그마북스 | 2023)

《친절한 반도체》(선호정 | 한올출판사 | 2024)

《처음 배우는 반도체》(기쿠치 마사노리 | 북스힐 | 2022)

BOOK 5

《첨단기술의 과학》

황정아 외 | 반니 | 2021

신재생에너지부터 블록체인까지,
교수님들이 들려주는 각양각색 첨단 미래

2024학년도 대입에서 서울대학교는 첨단융합학부를 신설하여 일반전형 98명, 기회균형특별전형 20명을 선발했습니다. 명실상부 국내 최고 명문대인 서울대의 선택을 통해, 향후 우리나라에서 어떤 분야의 전망이 밝은지에 대한 실마리를 얻을 수 있습니다. 서울대에 신설된 첨단융합학부는 총 다섯 가지 전공으로 나누어집니다. 디지털헬스케어전공, 융합데이터과학전공, 지속가능기술전공, 차세대지능형반도체전공, 혁신신약전공입니다. 이 다섯 가지 전공의 공통점은 모두 최첨단 기술과 관련되어 있다는 것이죠. 무엇이든 빠르게 변화하는 현시점에서, 최첨단 기술을 이해하고 융합하는 능력은 더욱 중요해질 것입니다.

《첨단기술의 과학》은 2020년 각 분야의 저명한 교수님들이 항공우주, 신재생에너지, 머신러닝, 블록체인, 첨단의학, 드론과 자율주행차, 로봇, 뉴럴 인터페이스 등 최첨단 기술의 현재와 미래에 대해 강연한 내용을 모아서 정리한 책입니다. 실제 강연 현장을 책으로 고스란히 옮겨 담았다는 느낌이 듭니다. 당시 코로나19 팬데믹 때문에 강연이 온라인 생중계로 진행되었는데도 수많은 온라인 청중의 질의응답이 쏟아졌고 토론도 활발히 이루어졌습니다. 이 책은 강사로 나섰던 교수님들의 목소리를 친근하게 전달할 뿐 아니라 다양한 시각 자료를 곁들여 읽는 재미가 있습니다. 실제 강연에서 이루어졌던 질의응답 내용도 Q&A 코너로 실어서 현장감을 높였지요.

여덟 번의 강연에서는 미래의 모습이 다양하게 펼쳐집니다. 책을 읽는 학생들은 8가지 주제를 통해 다양한 최첨단 기술을 살펴보고, 자신의 진로에 대해 좀 더 구체적으로 그림을 그려볼 수 있을 듯합니다. 제시된 주제 가운데 관심이 가는 주제를 선택하여 추가 조사를 통해 깊이 탐구해 보고 관련 분야로의 비전을 키워 보는 계기가 되었으면 합니다.

강연이 있었던 2020년 이후 지금까지 이르는 짧은 시간 동안에도 첨단 기술 분야에서는 여러 변화가 일어났을 것입니다. 그만큼 빨리 변하는 세상이니까요. 어떤 변화가 있었는지 찾아보고 각 기술의 현주소를 확인하면서 자신의 진로에 대해 구체적으로 고민해 보도록 합시다.

책에는 소개되지 않은 최첨단 기술도 있을 것입니다. 이에 대해 조사한 후, 책의 교수님처럼 강연의 형태를 빌려 시각 자료와 함께 친구들 앞에서 강연해 보는 것도 좋은 활동이 되겠지요. 동아리 활동으로도 책을 활용할 수 있습니다. 친구들 여러 명과 함께 각각 주제를 맡아 최첨단 기술을 조사하고, 그 내용을 공유하여 미래를 함께 그려 보는 활동을 추천합니다.

생기부 후속 활동으로 확장하기

최첨단 기술을 주제로 페임랩FameLab 발표하기

자신의 관심 분야와 관련된 최첨단 기술을 한 가지 선택하여 깊이 있게 탐구하고 그 내용을 짧은 강연의 형태로 정리하여 교과 시간에 친구들을 앞에서 발표합니다. 내용에 대한 이해를 높일 수 있는 적절한 소품을 활용하여 페임랩의 형태로 진행한다면 좋겠습니다. 페임랩은 PPT 등 전자식 발표 자료 없이 소품을 활용하여, 본인의 연구 내용 혹은 과학 이론을 3분간 발표하는 과학 대중 강연의 한 방식이지요. 소품과 대본을 준비해서 교과 시간에 발표하는 것도 좋고 교내 학술제가 있다면 무대에 올라 더 많은 친구들 앞에 서보는 것도 좋습니다. 특히, 진로와 관련된 첨단기술을 주제로 한다면 진로 관련 계열 적합성을 드러내는 데도 도움이 될 것입니다.

유튜브 〈사이언스 프렌즈〉 채널에서 '페임랩 코리아'를 검색하면 국내 대회 수상자들의 다양한 발표 사례를 찾아볼 수 있습니다. 발표를 준비하는 데 좋은 참고 자료가 되니 활용해 봅시다.

최첨단 기술의 '이후 이야기' 조사하기

자고 일어나면 새로운 기술이 등장하는 시대입니다. 위의 책에서 소개한 최첨단 기술이 그새 더 발전했거나 혹은 그새 사라져 버릴 수도 있지요. 책에 등장한 최첨단 기술의 최근 뉴스 또는 논문을 찾아 보고 책의 내용과 엮어 발표해 봅시다. 본인의 진로와 관련된 첨단 기술이라면 발표 이후에도 지속적으로 관련 기사를 찾아 보며 스크랩해 둘 것을 권합니다.

대중 과학 강연 참여하기

이 책의 시작은 대중을 대상으로 하는 과학 강연이었습니다. 이러한 강연에 직접 참여해 보는 것은 어떨까요? 서울대학교의 토요과학 공개강좌, 서울시립박물관의 토요과학강연 등 대학이나 과학관, 박물관 등에서 개설한 과학 강연이 상당히 많습니다. 인터넷에 '대중 과학 강연'을 검색해서 관심 분야의 강연을 찾아 보고 직접 참여해 봅시다. 첨단 과학기술에 대한 정보도 얻고 과학자에게 직접 질문하고 답변도 받으며 진로 탐색에 도움을 얻기를 바랍니다.

⚛ **관련학과**

물리학과, 공학계열 모든 학과

📄 **같이 읽으면 좋은 책**

《10년 뒤, 어떤 일이 생길까?》(김영호 | 지성사 | 2024)

《첨단 기술의 이해》(강구봉 외 | 기전연구사 | 2023)

《상상 이상 미래 세상》(편석준 | 레드우드 | 2021)

《미래출현》(황준원 | 파지트 | 2022)

《세상을 바꾼 과학기술자들》(주동혁 | 지성사 | 2016)

《내 손 안의 테크놀로지》(제럴드 린치 | 유재 | 2019)

《실리콘밸리, 유토피아 & 디스토피아》(애드리언 도브 | 팡세 | 2021)

BOOK 6

《공학자의 세상 보는 눈》

유만선 | 시공사 | 2020년

공학자의 시선으로 포착하는
일상의 작은 순간들

'소리보다 빠르게 흐르는 공기 속에서 물체 표면의 열전달
은 어떻게 이루어질까?'

공학자인 저자는 이 주제로 연구하여 박사학위를 받았습니
다. 머리말에서 저자는 당시의 연구 과정을 소개합니다. 실험 장
치를 제작하고, 조건을 설정하고, 측정하고, 결과를 해석하는 일
련의 연구 과정을 따라가다 보면 이런 생각이 듭니다. 공학에서
연구란, 끊임없이 문제 상황에 맞닥뜨리며, 포기하지 않고 문제

를 해결해 나가는 과정의 반복이 아닐까 하는 생각 말이지요.

저자가 문제를 해결하는 과정에서는 매 순간 물리적, 공학적 원리들이 사용됩니다. 예를 들어 풍동 장치 속에서 물체로 인해 생기는 공기 흐름 속 충격파를 관찰하기 위해, 밀도 변화로 인한 빛의 굴절 원리를 활용합니다. 또, 물체의 온도를 측정하기 위해서는 적외선 카메라로 물체에서 나오는 적외선을 촬영합니다. 온도계를 내부에 설치할 경우 충격파의 모양에 영향을 줄 수 있기 때문이죠. 문제 해결 과정에서 활용한 이러한 물리학적 지식들은, 저자가 기계공학과 학부 시절에 배운 내용에서부터 출발했다고 합니다.

이 책이 흥미로운 이유는, 실험실만이 아니라 우리의 일상에서 마주치는 공학과 관련된 현상들을 4대 역학, 즉 정역학, 동역학, 유체역학, 열역학의 물리학적 원리와 일대일로 연결 지어 설명한다는 점입니다. 예를 들어 줄다리기는 '힘의 평형', 강화 유리 깨기는 '잔류 응력', 팔 비틀기는 '자유도', 다리 떨기는 '진동'의 원리와 유기적으로 연결합니다. 책을 쭉 읽어 나가다 보면 우리도 얼마든 물리학 지식을 활용해 공학에 접근할 수 있을 것 같다는 생각이 자연스레 들게 됩니다.

책에는 저자의 어린 시절의 추억을 포함하여, 주제와 관련된 개인적인 경험도 풍부하게 실려 있습니다. 저자의 이야기에 공감하기도 하고 웃다 보면 어느새 자연스럽게 주제에 빠져들게 됩니다. 다양한 컬러 사진 자료와 일러스트들도 한몫하고 있어서, 초보자들도 공학에 대한 낯섦과 거부감 없이 책을 즐길 수 있습니다.

공학자라고 하면, 우리가 학교에서 배우는 내용과는 비교도 안 될 만큼 어렵고 대단한 물리학을 할 것 같지만, 사실 공학의 출발이 되는 원리는 우리가 이미 배운 기초 물리학 지식으로부터 시작된다는 사실을 책을 통해 새삼 되새기게 됩니다. 학생들도 삶 속에서 만나는 다양한 현상들을, 이미 알고 있는 물리학 지식과 연결하는 재미를 느껴 보았으면 합니다.

생기부 후속 활동으로 확장하기

일상 속 공학 원리 찾기

일상에서 당연하게 여기던 현상 가운데 하나를 주제로 삼아, 그 속에 숨겨진 물리학적 원리를 탐구해 봅니다. 전혀 연관이 없을 것처럼 보이는 현상도 자세히 관찰하고 관련 연구와 논문을 탐독해 보면, 사실 학생들이 이미 알고 있는 지식만으로도 충분히 설명 가능한 경우가 생각보다 많습니다. 실제로 어느 학생이 진행했던 탐구 활동 예시를 소개하니 참고하세요.

❖ 탐구하고 싶은 대상 : 투명 테이프가 한 장일 때는 투명하게 보이지만, 여러 겹 겹치면 노란색으로 보이는 현상

❖ 현상 속 과학적 원리 : 이 현상은 비어-람베르트 법칙^{Beer-Lambert law}을 이용해 설명이 가능하다. 비어-람베르트 법칙은 물체의 흡광도를 측정할 수 있는 법칙이다. 일반적으로 어떤 물체에 도달한 빛은 투과, 흡수, 또는 반사되는 성질을 가진다. 흡광도란 물질이 특정 파장의 빛을 흡수하는 성질을 말하는데, 비어-람베르트 법칙의 공식에 따르면 물질의 흡광도는 다음과 같이 계산할 수 있다.

A(흡광도)$= \varepsilon$(흡광계수)$\times c$(물질의 농도)$\times l$(물체의 두께)

투명 테이프의 필름은 고체라서 흡광계수와 농도는 일정하므로 변수는 두께뿐인데, 투명 테이프 한 층의 두께는 약 10μm지만 테이프를 말아 여러 겹의 롤 형태로 만들면 약 5~10mm정도로 두께가 두꺼워지므로 흡광도가 훨씬 높아진다. 두께가 두꺼울수록 빛을 더 많이 흡수하기 때문에 흡수되지 않은 테이프 고유의 색이 더 잘 눈에 들어와 노란색으로 보이게 된다.

❖ 탐구를 마치고 느낀 점 : 일상에서 흔히 마주하는 작은 현상에 궁금증을 품고, 숨은 원리를 찾으려 노력하는 경험을 해볼 수 있었음. 그 과정에서 주변을 세세히 돌아보게 되었고, 그동안 당연하다고만 여겼던 사실에 의문을 던지는 행

동이 곧 새로운 발견으로 이어질 수 있다는 사실을 실감함. 지금껏 문득 궁금증이 일었다가도 금방 잊어버렸던 적이 많은데, 앞으로는 사소한 궁금증을 놓치지 않고 더 깊게 파고들어 숨겨진 과학적 원리들을 찾는 노력을 계속하려 함.

연구 도중 겪은 문제 해결 과정 소개하기

R&E 연구나 과학과제 연구 등을 해본 학생이라면 끊임없이 문제 상황에 맞닥뜨린 경험이 있을 것입니다. 본인의 연구 과정 중 발생했던 문제 상황을 설명하고 문제를 해결한 방법을 공학적 원리와 연결 지어 설명해 봅시다.

예를 들어 '와류 형성을 통한 환기의 효율성을 비교하는 실험'이라면, 연기를 챔버 속에 가둔 후 사각지대에서 연기가 빠져나가는 정도를 비교하는 실험을 설계할 수 있습니다. 이때, 정확한 실험 결과를 도출하기 위해서는 연기가 빠져나가는 정도를 수치화해서 비교하는 과정이 필요하지요. 이 문제 상황을 레이저와 빛센서를 활용하여 해결할 수 있습니다. 빛의 산란 정도를 측정하여 연기가 빠져나가는 정도를 확인하는 것입니다. 이러한 해결 방법을 고안하기 위해 거쳤던 사고 과정과, 그 과정에서 응용한 물리학 지식 및 원리를 정리하여 발표할 수 있습니다.

✿ 관련학과

공학계열 모든 학과

📖 같이 읽으면 좋은 책

《공대생도 잘 모르는 재미있는 공학 이야기》(한화택 | 플루토 | 2017)

《공대생을 따라잡는 자신만만 공학 이야기》(한화택 | 플루토 | 2021)

《미래를 꿈꾸는 엔지니어링 수업》(권오상 | 청어람e | 2019)

《공학이 필요한 시간》(이인식 | 다산사이언스 | 2019)

《공학자의 사고법》(혼마 히데오 | 다산사이언스 | 2016)

《볼트와 너트, 세상을 만든 작지만 위대한 것들의 과학》(로마 아그라

왈 | 어크로스 | 2024)

《공학을 생각한다》(헨리 페트로스키 | 반니 | 2017)

BOOK **7**

《넷제로 에너지 전쟁》

정철균 외 | 한스미디어 | 2022

거스를 수 없는 중대한 흐름, 넷제로 시대에 대하여

여러분, '에너지 넷제로'라는 말을 들어 보았나요? 탄소 중립이라고도 하는 에너지 넷제로는, 기후변화를 초래하는 온실가스의 배출량과 흡수량이 균형을 맞추어 총합이 '0(배출량=흡수량)'이 되는 것을 의미합니다. 최근 몇 년간, 우리나라에서도 온실가스 감축과 관련한 여러 가지 눈에 띄는 변화들이 있었습니다. 음료 회사들은 라벨 없는 페트병을 만들었고 카페에서 제공하던 플라스틱 빨대가 종이 빨대로 교체되기도 했지요. 전기차 시장이 매우 빠르게 커지고 있는 현상 또한 에너지 넷제로를 향한 시대의 흐름을 보여주고 있습니다.

책의 서문에서 저자는 에너지 넷제로를 향해 나아가는 에너지 패러다임에 대해 설명합니다. 그리고 경제적으로 지속 가능한 에너지원을 계획하고 이에 해당하는 산업과 기술을 육성하는 것이 새로운 에너지 시대를 살아가는 생존 전략이 될 것임을 밝힙니다.

이 책은 세 명의 저자가 공동으로 집필했습니다. 각각 투자자, 전략분석가, 에너지 전문가라는 서로 다른 직업을 가진 저자들은 각자의 전문성을 살려 지금의 에너지 시대에 대해 폭넓은 분석을 이어가는 한편, 저마다의 분야에서 바라본 에너지 넷제로에 대해 이야기합니다. 넷제로라는 에너지 대전환 시대의 전반적인 경제적 측면을 상세히 다루며 태양광 에너지 등 다양한 친환경 에너지 발전 장치들의 구체적인 과학적 원리와 그 공학적, 기술적 측면 또한 자세히 다루고 있습니다. 여러 기업들의 신기술 투자 동향, 주목받는 스타트업에 대한 소개도 빼놓지 않았지요. 그래서 경제적, 산업적, 기술적으로 에너지 넷제로에 대해 폭넓은 이해를 할 수 있습니다.

한편으로 책의 주제는 우리가 살아갈 미래와도 밀접하게 연관되어 있습니다. 저자는 2050년 무렵이 되면 전체 전력의

60퍼센트가 대체에너지로 전환될 수 있을 것이라 전망합니다. 즉, 에너지공학 분야의 전망이 상당히 밝다는 이야기지요. 학생들도 이 책을 읽으며 자신의 진로를 좀 더 폭넓게 고민해볼 수 있을 듯합니다.

책을 읽은 후에는 책의 내용에 살을 보태 에너지 넷제로가 무엇이며 어떤 과학기술이 활용되고, 앞으로의 전망은 어떠한지를 잘 정리해서 발표 자료로 활용하면 좋겠습니다. 추가 활동으로 넷제로를 알리고 실천하는 방안도 함께 고민해 보면 어떨까요? 실제로 어느 소비자의 제안으로, 요구르트에 항상 붙어 나오던 빨대를 기업이 더 이상 제공하지 않게 된 사례가 있었지요. 이처럼 개인의 행동이 사회에 바람직한 변화를 일으킨 사례를 찾아보고, 개인적으로 실천할 수 있는 방안을 고민하여 친구들에게 널리 알리고 함께 실천하기를 독려해 보았으면 합니다.

생기부 후속 활동으로 확장하기

에너지 넷제로 소개하기

에너지 넷제로가 아직은 생소한 개념이기 때문에 에너지 넷제로가 무엇인지, 에너지 넷제로를 위한 공학적 기술들은 무엇이 있는지, 에너지 넷제로를 실천하고 있는 기업들과 그 방법은 어떤 것인지를 소개하면 좋겠습니다. 정부에서도 에너지 넷제로를 위한 여러 정책이 신설되고 있습니다. 탄소중립 실천포인트, 기후동행카드 등 관련 정책을 함께 소개하고 참여를 독려해 봅시다. 소개하는 방법으로는 발표, 포스터 제작 및 게시, 짧은 영상 제작 등 다양한 방법을 활용할 수 있습니다.

에너지 넷제로 실천하기

에너지 넷제로를 개인적으로 실천할 수 있는 방안을 생각해 봅시다. 신학기라면 에너지 넷제로와 관련된 동아리를 직접 창단할 수도 있습니다. 동아리원들과 함께 교내 에너지 넷제로 활동을 구상하여 직접 실천해 봅시다. 예를 들어, 쓰레기통 근처에 분리수거 방법에 대한 안내 포스터를 특색 있게 만들어 부착해서 분리수거를 독려하거나, 점심시간 이벤트를 기획하여 퀴즈를 통해 에너지 넷제로가 무엇인지를 알리는 캠페인을 해보아도 좋겠지요. 축제 때 병뚜껑을 활용한 키링 만들기 등 간단한 활동을 기획하여 에너지 넷제로에 대한 관심을 제고하는 것도 좋은 아이디어입니다.

에너지 넷제로를 주제로 토론하기

유럽에서는 에너지 넷제로에 대한 논의가 국내보다 먼저 활발히 이루어졌습니다. 그런데, 이러한 유럽의 탄소 중립 정책이 글로벌 에너지 위기, 식량난과 비료난, 경제위기와 금융위기 및 민주주의의 위기까지 불러오고 있다는 입장이 존재합니다. 관련 내용은 도서 《그린 쇼크》에서 자세히 확인할 수 있습니다.

《넷제로 에너지 전쟁》에 이어 《그린 쇼크》를 함께 읽어 보고 진정한 에너지 넷제로를 향해 가는 길을 모색해 봅시다. 친구들과 함께 두 책을 읽고 에너지 넷제로 찬성 측과 반대 측으로 나누어서 토론을 해보고 최적의 결론을 내리는 활동을 추천합니다. 탄소 중립과 관련한 부작용을 다룬 다큐멘터리 〈KBS 다큐 인사이트 : 지속 가능한 지구는 없다〉를 참고해도 좋습니다.

✕ᴥ 관련학과
환경공학과, 에너지공학과

◪ 같이 읽으면 좋은 책
《그린 쇼크》(최승신 외 | 바른북스 | 2023)

《넷제로 에너지 디자인》(톰 훗먼 | 시공문화사 | 2013)

《에너지 비하인드》(김철민, 임만성 | MID 엠아이디 | 2018)

《기후변화와 에너지산업의 미래》(에너지고위경영자과정 변화와 미래 포럼 | 아모르문디 | 2021)

《에너지아틀라스》(하인리히 뵐 재단 | 작은것이아름답다 | 2021)

《세상을 움직이는 힘, 에너지》(한귀영 | 사람의무늬 | 2012)

《에너지 민주주의와 디지털 혁신》(이호근 | 휴앤스토리 | 2023)

《살둔 제로에너지 하우스》(이대철 | 시골생활 | 2012)

《에너지와 기후변화》(김정배 외 | 계명대학교출판부 | 2012)

《기후위기시대 에너지 이야기》(박춘근 | 크레파스북 | 2020)

《대한민국 탄소중립 2050》(한국환경연구원 | 크레파스북 | 2021)

BOOK 8

《세상을 바꾼 물리학》

원정현 | 리베르스쿨 | 2021

물리학 이론들은 어떻게 태어나고, 서로 연결되고, 변화했을까?

2017학년도 대입수학능력시험부터 현재까지 한국사 과목은 필수 응시 과목으로 지정되어 있습니다. 선생님 역시 교사가 되기 위해 치르는 임용고시를 응시할 때, 한국사능력검정시험 자격증이 필요했습니다. 여러분에게도 선생님에게도 역사를 공부하는 것이 중요한 이유는 지난 역사를 통해 현재를 이해할 수 있고, 나아가 미래를 예측하여 준비할 수 있기 때문이지요. 저자는 '과학의 역사'도 마찬가지라고 말합니다. 과학의 지난 역사를 알면 현재의 과학 지식을 한층 풍부하게 이해할 수 있다는 이야기입니다.

이 책은 고대 그리스의 자연철학에서부터 지금의 현대 물리에 이르기까지 물리학의 역사를 다루고 있습니다. 선생님이 이 책을 특별히 추천하는 이유는, 과학사와 물리학 개념을 유기적으로 연결하여 서술하고 있기 때문입니다. 과학사를 주제로 하는 보통의 책들은 시대순, 또는 인물 중심으로 풀어 나가는 데 반해 이 책은 역학, 광학, 전자기학, 양자역학, 상대성이론이라는 각각의 개념을 중심으로 챕터가 구성되어 있습니다. 물리학 이론의 개념이 어떻게 형성되고 발전되어 나갔는지 그 과정을 읽어 내려가다 보면 자연스럽게 지식을 익히게 될 뿐 아니라, 물리학이라는 학문 자체를 더 깊이 이해하게 됩니다.

물리학 교과서에 나오는 여러 가지 개념들은 시대적 상황과 맞물려 발전되었지요. 또한 독립적으로 존재하는 것이 아니라, 서로 유기적으로 연결되어 있고요. 그 스토리를 파악한다면 교과서의 지식을 한층 확장하고 심화시키는 데 큰 도움이 될 것입니다.

이 책의 또 한 가지 특징은 학생의 눈높이에서 이해할 수 있도록 친절하게 쓰였다는 점입니다. 마치 손으로 직접 그린 듯한 일러스트와 마인드맵, 표 등이 풍부하게 수록되어 있어요. 과학사학자이자 과학 교사인 저자는 학생들이 어떤 부분을 헷갈리는지, 흔히 어떤 부분에서 개념을 잘못 이해하는지 정확하게 파악하고 관련 부분마다 손 글씨와 손 그림을 통해 개념을 직관적으로 이해할 수 있도록 도와줍니다. 각 챕터의 마지막에는 '또 다른 이야기'를 통해 흥미로운 일화를 소개하고, '정리해 보자' 코너를 통해 다음 챕터로 넘어가기 전에 앞 챕터의 내용을 확실하게 짚어 주는 점도 책이 더욱 친절하게 느껴지는 이유입니다.

저자는 서문에서 한 가지 주의를 줍니다. '과거의 과학을 현대 과학의 관점으로 접근하지 말라'는 것인데요, 과거의 과학을 그 자체로 받아들이고 그 시대의 맥락 속에서 의미를 이해해 보라는 의미이지요. 그 당부를 기억하며 책을 읽는다면 좋겠습니다.

책을 읽은 뒤에는, 가장 인상 깊었던 사건이나 인물에 대해 추가 조사를 해봅시다. 책에서는 긴 시간을 압축하다 보니 일부 내용만 소개할 수밖에 없지요. 물리학사의 더 많은 이야기들을 알아보며 깊이 빠져 보는 경험을 해보기를 권합니다. 책을 읽고서 세상을 보는 시선에 변화가 생겼다면, 앞으로 살아가는 데 내가 얻은 성찰을 어떤 식으로 적용할 수 있을까 생각해 보는 것도 중요합니다.

물리학은 지금도 계속해서 발전하고 있습니다. 책에서 소개한 과학사는 양자역학의 경우 '양자 얽힘'까지, 상대성이론에서는 '중력파 관찰'까지입니다. 그 후로도 물리학 분야에서는 혁신적인 발견이 지속적으로 이루어졌습니다. 뜻이 맞는 친구들을 모아서 최신 논문과 연구 기사를 함께 찾아 보며 현재까지의 물리학사를 직접 정리하는 활동을 추천합니다. 이 과정을 통해 앞으로 다가올 물리학의 미래에 대해서도 전망해 본다면 좋겠습니다.

생기부 후속 활동으로 확장하기

직접 쓰는 물리학사

책을 읽고 관심 있는 사건이나 인물에 대해 추가 조사해 봅니다. 책에서는 생략하거나 짧게 요약하고 넘어간 부분을 조명해 봅시다. 사건의 발단과 결론, 인물의 비하인드 스토리 등을 정리하고, 여기서 얻을 수 있는 교훈은 무엇인지 생각해 봅시다. 발표할 때는 포스터나 카드 뉴스의 형태로 조사 내용을 정리하여 시각화하는 것이 좋습니다.

물리학사 이어 쓰기

《이야기 물리학사》를 읽은 뒤 동아리 활동으로 그 후의 역사를 이어 쓰는 활동을 해봅시다. 책에서 마지막으로 서술한 물리학 사건 이후부터 현재까지의 물리학사를 시대별로 나누어 기록합니다. 물리학계의 새로운 발견들을 정리하고, 이를 개념과 유기적으로 연결하여 서술한 뒤 물리학의 미래에 대한 생각을 함께 나누어 보세요.

작성한 내용이 충분히 구체적이고 내용에 대한 검증까지 마쳤다면, 동아리 선생님과 상의하여 직접 쓴 물리학사를 책의 형태로 만들어볼 것을 권합니다. 그렇게 만든 책을 사서 선생님과 상의해서 학교 도서관에 비치하고 여러 학생들이 읽을 수 있게끔 한다면 더욱 좋겠습니다. 만약 종이책의 형태로 만드는 것이 어렵다면 전자책의 형태로 만들어 친구들 및 선후배와 온라인으로 공유하는 방법도 추천합니다.

혹은 이 활동을 동아리의 1년 프로젝트로 계획하여 순차적으로 진행할 수도 있습니다. 동아리 SNS 계정(블로그, 인스타그램, 페이스북 등)을 개설하여, 물리학사 칼럼을 주기적으로 포스팅하는 거죠. 혹시 동영상 제작이나 편집에도 관심이 있다면, 글이 아닌 말로 직접 소개하는 형태도 괜찮습니다. 동영상 플랫폼에 꾸준히 업로드하면서 긴 호흡으로 1년 프로젝트를 이끌어 보세요.

🐾 관련학과

이공계열 모든 학과

📖 같이 읽으면 좋은 책

《물리학사》(P. 게디에 | 전파과학사 | 2019)

《이야기 물리학사》(다케우치 히토시 | 미래의창 | 2023)

《인물로 본 현대물리학사》(김제완 | 일진사 | 2001)

《궁금했어, 과학사》(권경숙 | 나무생각 | 2020)

《그림으로 읽는 서양과학사》(김성근 | 플루토 | 2022)

《과학사의 뒷얘기2-물리학》(A. 셧클리프 외 | 전파과학사 | 2017)

독서로 챙기는 생기부 사례

활용 도서
《공학자의 세상 보는 눈》

《공학자의 세상 보는 눈》에서 저자는 일상 속 다양한 현상과 물리학 원리를 일대일로 연결하여 설명합니다. 책을 읽고 우리 주변의 일상을 호기심을 갖고 새롭게 살펴본 뒤, 선택한 현상을 탐구하여 그 속에 숨겨진 물리학적 원리를 설명해 보도록 합니다.

학생 활동 보고서 작성 예시 일부

탐구하고 싶은 대상 또는 현상	칠판에 선을 그을 때 '드르륵' 소리가 나며 점선이 그려지는 현상은 어떤 과학적 원리를 지니고 있을까?
주제 탐구 내용	**1. 초크 호핑**Chalk hopping 칠판과 둔각이 되도록 분필을 잡은 뒤, 분필 끝을 가볍게 쥐고 각도를 유지한 채 일정한 힘으로 선을 그어 주면 분필이 튀어오르며 선이 아닌 점선이 그려집니다. 이것은 '초크 호핑'이라

는 현상으로 캘리포니아주립대의 기계공학과 교수인 존 샌더스^{John W. Sanders}의 시뮬레이션을 통해 그 원리가 밝혀졌습니다.

2. 채터^{chatter} 현상과 역채터 현상

초크 호핑 현상은 역채터 현상을 통해 설명할 수 있습니다. 채터 현상은 일정한 높이에서 떨어뜨린 공이 바닥에 튕기는 것을 반복하며 그 높이가 점점 낮아지는 것을 말합니다. 역채터 현상이란, 반대로 공이 튕기면서 높이가 점점 높아지는 현상을 말합니다. 역채터 현상은 접촉하고 있던 물체가 진폭이 증가하는 일련의 충돌을 통해 접촉을 잃는 특징을 지니고 있습니다.

〈 채터 현상 〉　　〈 역채터 현상 〉

3. 역채터 현상과 초크 호핑

칠판에 분필을 둔각이 되도록 하여 뒤 선을 그을 때, 분필을 잡고 있는 손으로부터 분필이 에너지를 공급받습니다. 이때 칠판과의 마찰에 의해 미세한 충돌이 생기고, 이러한 충돌에 의해 진폭이 점점 커져 분필이 점프하며 일정한 간격으로 점선을 그림으로써 초크 호핑 현상이 발생합니다.

주제
탐구 내용

현상 속에서 찾을 수 있는 교과서 속 물리 개념	마찰력, 충돌, 역학적 에너지
활동 소감	선생님이 수업 도중에 '드르륵' 소리를 내며 점선을 그리는 장면이 늘 신기했는데, 그렇게 점선이 그려지는 원리가 무엇인지에 대해서는 생각하지 못했습니다. 책 '공학자의 세상 보는 눈'(유만선)을 읽고 '나도 일상 속 임의의 현상을 내가 알고 있는 물리학 내용으로 설명할 수 있지 않을까?' 하는 생각이 들었고, 그때 떠오른 것이 바로 '드르륵' 현상이었습니다. 이 현상이 '초크 호핑'이라는 이름을 가지고 있는 것도 놀라웠고, 수업 시간에 배워서 알고 있는 마찰력과 충돌, 에너지 개념을 조합하여 설명할 수 있는 것도 놀라웠습니다. 평소 접근하기 어려울 것이라고 생각했던 문제를 스스로 탐구해 보고 또, 문제를 푸는 열쇠가 제가 아는 물리학적 지식에서 나옴을 경험했습니다. 이를 통해 공학과 물리학에 대한 자신감이 증가하였고 앞으로도 여러 현상들을 계속 탐구해 보고 싶다는 의지가 생겼습니다. 이후로도 지속적으로 일상을 호기심 어린 눈으로 관찰하고 그 속에 숨겨진 물리학적 원리를 탐구해 보겠다고 다짐했습니다.

과세특 예시

초크 호핑 현상 속 물리학 원리 찾기 활동

프로그래밍에 큰 관심과 애정을 지닌 학생으로 '공학자의 세상 보는 눈'(유만선)을 읽고 일상 속 공학적 현상들에 기초적인 물리학 지식이 적용됨을 이해하게 됨. 책을 읽고 본인 또한 일상을 호기심 있는 시각으로 바라보고 특정 현상 속에 숨겨진 물리학적 원리를 스스로 탐구해 보는 주제 탐구 활동을 진행함. 선생님이 칠판에 선을 그을 때 가끔 '드르륵' 소리를 내며 점선이 그려짐에 착안하여 초크 호핑 현상에 대해 궁금증을 갖고 이를 물리학적으로 탐구함. 분필 끝을 칠판과 둔각이 되도록 잡은 후 선을 그리면 '드르륵' 소리와 함께 점선이 그려지는 초크 호핑 현상이 일어남을 설명하고 이를 칠판에 시연하는 모습을 보여줌. 초크 호핑 현상을 설명하기 위해 바닥 면에 충돌할수록 물체가 튀어오르는 진폭이 작아지는 채터 현상과, 반대로 충돌을 할수록 진폭이 커지는 역채터 현상을 애니메이션과 함께 설명함. 초크 호핑 현상에서 분필과 칠판이 접촉하는 부분의 마찰로 인해 미세한 충돌이 발생하고 역채터 현상에 의해 충돌 진폭이 점점 증가하게 되며 칠판에 선이 아니라 점선이 그려짐을 밝힘. 캘리포니아주립대의 기계공학과 교수 존 샌더스가 초크 호핑의 원리를 밝혀내기 위해 시뮬레이션을 활용했음을 소개하고 과학적 현상을 직접 실험하지 않고도 시뮬레이션을 통해 그 원리를 밝혀낼 수 있다는 점에 놀라움을 느꼈다고 밝힘. 프로그래밍의 또 다른 매력을 발견하였으며 향후 이러한 프로그램을 개발하는 프로그래머가 되겠다는 포부를 밝힘.

PART
3

화학 선생님이
소개하는
화학 책 읽기

★ ★ ★ ★

MUST-READ FOR
SCIENCE AND ENGINEERING
COLLEGE

BOOK 9

《비커 군과 친구들의 유쾌한 화학실험》

우에타니 부부 | 더숲 | 2018

늘 하던 실험 말고, 모두가 주목할 실험 부스를 만들고 싶다면?

"와~ 우리나라에도 이 책이 있다면 좋겠다."

대만의 베이터우 도서관에서 《비커 군과 실험실 친구들》이라는 책을 중국어판으로 처음 보고서 뱉은 말이었습니다. 한국으로 돌아와 바로 알아보니 일본 서적이더군요. 좋은 책은 다들 알아보시는지, 얼마 지나지 않아 국내에도 이 책이 마침 번역 출간되었습니다. 반갑고 설레는 마음에 바로 구입했지요.

사실 '실험 기구'에 대한 책은 보기 드뭅니다. 실험 기구만을 주제로 삼아 책을 엮기에는 분량이 많지 않고 내용도 단순해서 그럴 것이라고 생각합니다. 그래서 보통은 실험서에 부록으로 소개되는 경우가 많지요. 몇 가지 실험 기구 그림을 싣고 그 아래에 이름을 소개하는 정도가 고작입니다. 실험 기구를 많이 사용하는 과학 동아리에서도 사정은 마찬가지입니다. 자세한 안내서가 없다 보니, 학기 초에 동아리 선배에게 한 시간 정도 배우는 경우가 대부분입니다.

재미있는 사실은, 간단한 실험이 오히려 익히기 더 어렵다는 것입니다. 어느 정도 수준이 있으면서 잘 알려진 화학실험의 경우, 여러 실험서에서 많이 소개하기 때문에 실험 방법이나 팁, 실험 기구 사용할 때의 주의 사항을 어렵지 않게 익힐 수 있습니다. 그런데 한두 개의 유리 기구만 사용하는 간단한 실험은 정보가 없어서 '실험 스킬'이라는 이름하에 선배로부터 실험 방법을 전해 듣는 수밖에 없거든요.

그래서 《비커 군과 실험실 친구들》에 이어 《비커 군과 친구들의 유쾌한 화학실험》이 우리나라에 출간되었을 때 참 반가웠습니다. 이 책은 150여 가지의 실험기구들이 주인공입니다. 시끌벅적한 이 실험기구들이 화학실험을 준비 과정부터 차근차근 알려줍니다. 실험 하나하나마다 마니아 지수, 위험도, 소요 시간 등이 방사형 차트로 표시되어 있고, 실험 시 주의사항도 귀여운 삽화를 통해 보여주지요. 실험 사이에는 만화를 배치하여 실험 장치의 사용법이라든가 실험 원리, 실험을 수행할 때 필요한 팁을 유머러스하게 알려줍니다. 특히, 만화 속 실험실 친구들이 알려주는 과학실험 팁들은 정말 요긴해서 중·고등학교는 물론이고 대학교에서 화학실험을 할 때도 도움이 되는 내용이 많습니다.

만약 여러분이 화학실험 동아리 부원이라면, 그래서 학교 축제나 과학 대제전, 과학축전 같은 과학축제에서 동아리 실험 부스를 운영해야 한다면 어떤 실험이 적절할까요?《비커 군과 친구들의 유쾌한 화학실험》에 소개된 기초 실험보다는 조금 수준이 높고, 일반적인 화학 실험서보다는 조금 쉬운 실험이 좋겠습니다.

그런 실험을 소개하는 책도 있을까요? 네, 있습니다.《575 화학실험 실용가이드》라는 일본 책입니다. 575가지 실험이라는 의미는 아니고요, 준비하는 데 5분, 실험하는 데 7분, 정리하는 데 5분이 걸린다고 해서 '575 화학실험'이라고 한다네요. 과정은 복잡하지 않지만, 깊이 있는 30가지의 다양한 실험을 소개하고 있습니다.

다만, 국내에는 아직 출간되지 않아서 일본어라는 장벽을 해결해야 합니다. 스마트폰의 카메라를 활용한 번역 앱을 이용할 줄 안다면 어렵지 않게 일본어 문장을 스캔 번역하여 실험 내용을 이해할 수 있을 듯합니다. 실험 영상을 볼 수 있는 QR 코드도 수록되어 있는데, 일본 출판사 로그인이 필요합니다.

코로나19 이전까지만 해도 과학축제 때면 실험과 체험 프로그램을 활발하게 진행했었죠. 문제는 실험의 주제가 한정적이다 보니 매년 해오던 실험 주제를 답습했다는 점입니다. 아니면 다른 학교에서 이미 했던 실험 주제를 가져와 진행하는 일도 흔하고요. 그런 점에서 《575 화학실험 실용가이드》는 동아리 부스의 실험 주제로 활용하기 적절한 실험들이 다양하게 수록되어 있어서, 활용하기가 썩 괜찮습니다. 적절한 무대 장치와 약간의 스토리텔링이 가미된다면 멋진 실험 부스를 운영할 수 있을 거예요. 단, 책에 나온 모든 실험은 안전상 반드시 학교 선생님의 지도하에 실시해야 한다는 점을 명심해야겠지요.

생기부 후속 활동으로 확장하기

실험 기구의 쓰임새에 관한 사전 실험보고서 제출하기

학교 시간표에 화학실험이 있거나 화학실험과 관련된 동아리, 화학을 주제로 한 R&E를 수행하는 학생이라면 다음의 후속 활동을 제안합니다.

화학실험을 할 때 마치 요리책의 레시피를 따르는 것처럼 실험 과정을 무조건 따라 하는 경우가 있습니다. 실험 과정에서 각 단계의 의미를 파악하는 것도 물론 중요하지만, 실험에 사용되는 기구의 사용법과 쓰임새를 파악하는 것 또한 그에 못지않게 중요합니다. 《비커 군과 실험실 친구들》 또는 《비커 군과 친구들의 유쾌한 화학실험》을 참고하여 실험기구의 사용 방법, 실험 팁 등을 정리해서 〈사전 실험보고서〉를 작성한다면 실험을 더 충실하게 수행할 수 있습니다. 또한 철저히 준비된 태도를 선생님께 각인시킬 수도 있겠지요.

과학축제 대비 동아리 실험 개발

학교 축제나 과학 축전에서 실험 부스를 운영할 기회가 생겼다면, 새로운 부스 실험에 도전해 봅시다. 책에 나온 실험들을 활용해서 기존의 실험을 좀 더 다양한 범위로 확장하거나, 혹은 적절한 스토리텔링을 추가하여 새로운 실험을 개발하는 거죠. 아마도 다른 학교 동아리 친구들의 관심까지 쏠리는 부스가 될 거예요.

✿ 관련학과

화학과, 화학교육과, 화학공학과, 생명과학과, 식품공학과, 약학과, 재료공학과, 환경공학과

📑 **같이 읽으면 좋은 책**

《비커 군과 실험실 친구들》(우에타니 부부 | 더숲 | 2018)

《비커 군과 실험기구 선배들》(우에타니 부부 | 더숲 | 2021)

《575 화학실험 실용가이드575化学実験 実践ガイド》(다나카 요시야스 | 환선

출판 | 2022)

《먹을 수 있는 31가지 과학실험》(오지마 요시미 | 청어람e | 2019)

BOOK 10

《침묵의 봄》

레이첼 카슨 | 에코리브르 | 2011

세상을 변화시킨 환경학 최고의 고전

1962년 이전의 인류는 화학 살충제의 위험성에 무지했습니다. 레이첼 카슨의《침묵의 봄》이 출판되기 전까지는 말이죠. 세계대전이 끝난 이후 급격하게 발달한 과학기술은 사람들의 삶을 풍족하게 만들었습니다. 항공기, 컴퓨터, 의학 기술이 발달하며 현대 문명을 이룩하는 중이었으니까요.

당시 국가의 부를 이끈 화학 산업은 사람들의 열렬한 지지를 받았습니다. 화학 기술로 만들어진 살충제는 해충으로부터 작물을 보호하고, 농작물의 생산성을 향상시켰습니다. 그동안 병충

해에 속수무책으로 시달렸던 사람들은 새롭게 등장한 살충제의 놀라운 효과에 열광했을 것입니다. DDT나 알드린 같은 살충제를 가득 실은 비행기가 미국의 수많은 농장 위로 날아올라 온갖 농약과 살충제를 농작물에 쏟아 부었습니다. 심지어 정거장에 서 있던 사람들, 도시 근교를 뛰놀던 아이들 머리 위로도요.

그러자 이상한 일이 발생합니다. 들판에 놓여 있던 여물통의 물을 먹고 말이 죽었습니다. 물이 약제에 노출됐던 탓이지요. 울새와 찌르레기가 자취를 감추어 새들이 더 이상 노래하지 않는 침묵의 봄이 왔음에도 정부의 책임자들은 살충제가 인체에 안전하다는 말로 안심만 시켰습니다. 살충제로 인해 집에서 기르던 개가 갑자기 죽고, 아이가 식물인간이 되는 일까지 벌어지자 사람들은 비로소 살충제의 안정성을 의심하기 시작했습니다.

그런 사회 분위기에서 DDT와 같은 강력한 화학 살충제의 위험성을 경고하고, 이로 인한 환경 문제를 고발한 책이 바로 《침묵의 봄》입니다. 해양생물학자이지만 글쓰기에도 재능이 많던 저자 레이첼 카슨은 화학 살충제의 위험성을 단순한 정보로 나열하지 않았습니다. 정확한 과학적 지식과 생생한 사례를 결합하여 독자에게 공감을 불러일으키고, 환경 문제에 대한 경각심을 심어 주었습니다.

1962년 책이 출간될 당시 미국의 농약 생산업체 등은 레이첼 카슨이 박사학위도 없는 대중 작가라며 그녀의 주장을 폄훼

하기 위해 노력했습니다. 또한, 농약과 살충제의 사용 금지로 수확의 시기인 가을에 작물들이 황폐해져 농장에는 침묵만이 남게 될 것이라는 주장을 담은《침묵의 가을》을 발표하기도 했어요. 하지만《침묵의 봄》을 읽은 사람들은 농작물에 뿌리는 농약과 살충제가 자연환경을 어떻게 변화시키는지 관심을 가지게 되었으며, 순환과정을 거쳐 다시 우리에게 해로운 결과로 되돌아온다는 사실에 경악했습니다.

《침묵의 봄》은 인간을 자연의 일부로 인식하는 생태학적 관점을 담은 최초의 책입니다. 이 책은 우리가 환경을 인식하고 환경과 상호작용하는 방식을 변화시켰습니다. 우리는 환경의 일부이며, 우리의 행동이 결국 생태계에 영향을 미치고 다시 우리에게로 돌아오기 때문에 자연과 인간이 공존해야 하는 관계임을 사람들은 받아들이기 시작했습니다. 지금의 우리에게는 너무나도 명백하고 당연한 사실이지만 당시 사람들에게는 큰 충격이 아닐 수 없었습니다.

결국 1963년 미국의 케네디 대통령은 카슨의 경고에 관심을 보이며 환경 문제를 다루는 자문위원회를 구성하도록 지시했고, 1972년 미국 환경부에서는 DDT의 사용을 금지하는 등 잇따라 환경 정책들이 제정되었습니다. 물론 한편으로는 논란도 있었습니다.《침묵의 봄》때문에 살충제인 DDT가 전격적으로 금지되자 모기로 인해 많은 사람들이 말라리아로 목숨을 잃었다는 주장이 대표적이지요.

과학 토론에서는 자연이 우리가 개척해야 할 대상인지 아니면 보호해야 할 대상인지에 대한 논제가 자주 등장합니다. 이 책을 읽으면서 우리는 레이첼 카슨의 주장에 동의할 수도 있고, 혹은 반박할 수도 있습니다. 하지만 과학기술이 완전무결한 것이 아니며, 자연환경을 고려하지 않고 과학기술을 오남용했을 때 생기는 부작용이 얼마나 위험한지에 대해서는 우리 모두 진지하게 고민해 보아야 할 것입니다.

생기부 후속 활동으로 확장하기

SDGs 관련 인스타그램 포스팅

2015년 유엔에서 2030년까지 '지속 가능한 발전'을 위한 인류 공동의 목표인 SDGs(지속가능 발전목표)를 채택했습니다. 이 가운데 12번째 목표인 '책임감 있는 소비와 생산'은 환경적, 사회적, 경제적 측면에서 자원을 효율적으로 사용하고 환경을 보호하며, 인간의 건강과 안녕을 증진하는 방향으로 나아가기 위해 노력하는 것을 목표로 합니다. 화학물질을 안전하게 관리하고 유해성에 대한 교육을 하며, 화학물질 사고를 예방하는 것 등이 여기에 해당합니다.

SDGs의 12번째 목표 '책임감 있는 소비와 생산'을 주제로 후속 활동을 해봅시다. 환경을 지키기 위해 개인적으로 어떤 노력을 했는지 인스타그램 게시물을 만들어 포스팅해 보세요. 환경친화적인 제품이나 브랜드에 대한 정보 등을 포스팅할 수도 있겠지요. 환경과 관련된 봉사활동을 찾아보고 참여해 보는 것도 좋은 아이디어입니다.

| 참고 사이트 |

❖ 1365자원봉사포털(www.1365.go.kr)

❖ 쓰레기센터(www.trashcenter.net)

❖ 디프다제주(diphdajeju.imweb.me)

과학 토론 참가

'살충제와 같은 화학물질을 사용하는 것이 인간에게 긍정적인 영향을 미칠 것인가?'를 주제로 찬반 토론을 열어 보면 어떨까요? 《침묵의 봄》에서 언급된 화학물질의 장단점을 정리하고, 자신의 입장을 한쪽 편에서 논리적으로 펼쳐 보세요. 토론을 할 때는 반대편의 주장을 이해하고 존중하는 태도를 가지는 것이 중요합니다. 다른 사람의 의견을 잘 듣고 정리하면서, 자신의 의견을 효과적으로 전달할 수 있다면 교내 과학 토론대회도 문제없겠죠. 참고로 한국과학창의재단에서 매년 청소년과학페

어를 개최합니다. 그중 전국 지역대회 예선을 거쳐 열리는 과학 토론 종목도 있으니 관심이 있다면 도전해 보세요.

환경 주제를 확장하여 AI 윤리 가이드라인 작성

"제 힘에 취해서 인류는 제 자신은 물론 이 세상을 파괴하는 실험으로 한발씩 더 나아가고 있다"고 레이첼 카슨은 걱정했습니다. 그 염려가 AI 혁명을 마주한 지금 생생히 되살아나고 있습니다. AI는 우리의 삶을 편리하고 풍요롭게 만들어 주는 기술이지만, 동시에 우리의 사회와 문화, 윤리와 가치에도 영향을 미칩니다. 환경 주제를 확장하여 AI에 대한 자기 생각과 친구들의 생각을 정리해 봅시다. 토론을 통해 AI를 어떻게 마주할 것인지, 위험성은 없는지, 대처 방안은 어떤 것들이 준비되고 있는지 조사해 보세요. 조사 결과를 바탕으로 학교 단위의 AI 윤리 가이드라인을 작성하고, 친구들과 함께 선언식을 가져 보는 것은 어떨까요?

🔹 **관련학과**

생태학과, 환경과학과, 환경보건학과, 환경공학과, 간호학과, 화학과, 생물학과

📖 **같이 읽으면 좋은 책**

《불편한 진실》(앨 고어 | 좋은생각 | 2006)

《2050 거주불능 지구》(데이비드 월러스 웰즈 | 추수밭 | 2020)

《나는 풍요로웠고, 지구는 달라졌다》(호프 자런 | 김영사 | 2020)

《세상은 실제로 어떻게 돌아가는가》(바츨라프 스밀 | 김영사 | 2023)

《물고기는 존재하지 않는다》(룰루 밀러 | 곰출판 | 2021)

BOOK 11

《사라진 스푼》

샘 킨 | 해나무 | 2011

주기율표의 원소들이
저마다 품고 있는 사연을 들여다보자

《사라진 스푼》이라는 책의 제목은 언뜻 스릴러 소설을 연상시키지만, 순전한 과학책입니다. 이 제목은 책 속 '갈륨과 사라지는 스푼' 편에 등장하는 이야기에서 따온 것입니다. 갈륨은 비교적 낮은 온도인 29.8 ℃에서 녹는 금속인데, 손바닥 위에 갈륨 금속을 올려놓으면 체온에 녹아 손 위에서 수은처럼 액체로 존재합니다. 이런 갈륨으로 작은 스푼을 만들어 뜨거운 차를 저으면 어느새 스푼은 녹아 사라지게 됩니다.

과학 저널리스트인 저자는, 주기율표에 있는 110여 종의 원소들에 얽힌 흥미로운 이야기를 이 책에 꼭꼭 눌러 담았습니다. 화학에 관심이 있는 독자라면 아주 흥미롭게 읽을 수 있는 책입니다. 선생님이 《사라진 스푼》을 읽고서 받은 첫 느낌은, 마치 과학을 좋아하는 '찐' 이과 친구의 수다를 듣는 것 같다는 것이었습니다. 나만 아는 재미있는 얘기를 다른 친구에게도 꼭 들려주고 싶어서 입이 근질거리는 그 열정이 느껴진달까요?

'원소'를 주제로 하는 책들은 크게 두 종류로 나눌 수 있습니다. 하나는 원소와 관련된 에피소드와 지식을 매우 방대하게 모아 놓은 백과사전과 같은 유형입니다. 《원소의 이름》이라는 책이 여기에 해당하는데요, 책의 제목처럼 원소의 이름이 만들어진 배경과 역사를 다룹니다. 천체와 관련된 원소의 이름부터 시작해서 방사성 원소와 초중원소superheavy elements에 이르기까지, 각각의 원소가 어떻게 처음 발견되고 이름이 붙여졌는지를 다양한 에피소드와 함께 알려줍니다. 《사라진 스푼》의 '수다'가 즐거웠다면 이 책도 읽어 보길 추천합니다.

원소를 주제로 하는 또 다른 책 유형은, 원소의 사진 위주로 책을 구성하고 설명은 비교적 간단하게 싣는 것입니다. DK 백과사전을 떠올리면 되겠습니다. 보기 편해서 화학 초보자들이 접근하기 좋습니다. 《세상의 모든 원소 118》이 이런 유형의 책인데요, 원소의 특징에 초점을 맞춰 빠르게 정보를 습득하고자

할 때는 이런 종류의 책들이 유용하지요.

그에 비해 《사라진 스푼》은 한 주제로 깊이 있게 파고 들어가는 서사를 택합니다. 하나의 원소와 관련된 수많은 에피소드가 등장하기 때문에, 관심이 가는 원소가 있다면 그 원소의 에피소드부터 읽어 나가는 방법을 추천합니다. 예를 들어 지구과학에 관심이 있는 학생이라면 87쪽의 '원자는 어디에서 왔을까'부터 시작하면 좋을 듯합니다.

이 책의 장점이자 단점은, 워낙에 많은 에피소드가 나오다 보니 나중에 그 내용을 다시 찾아가기가 어렵다는 것입니다. 작은 팁을 하나 드리자면, 각 챕터에서 새로운 이야기를 시작할 때마다 첫머리에 한 줄로 주르륵 소개한 원소 기호를 참고하라는 것입니다. 그 원소들이 해당 에피소드의 주인공입니다. 찾고자 하는 에피소드가 어떤 원소랑 관련 있었는지 기억난다면 페이지를 촤라락 넘겨 가며 원소들만 찾아 보세요. 책의 마지막 부분에 있는 '찾아보기'를 활용해도 좋습니다. 용어별로 등장하는 페이지들이 잘 정리되어 있어 도움이 될 거예요. 그래도 불편하다면, 단어 검색이 가능한 이북 e-book 도 좋은 선택이 될 수 있습니다.

본문의 끝자락에는 작가의 코멘트들을 모아 놓은 '노트'가 있습니다. 저자가 저자인지라 분량이 적지 않습니다. 책을 읽다가 궁금한 점이나 더 알고 싶은 내용이 있다면 '노트'를 참고하면 좋습니다.

생기부 후속 활동으로 확장하기

주기율표 디자인하기

매년 4월은 '과학의 달'입니다. 학교에서도 다양한 과학 관련 행사가 진행됩니다. 선생님의 허가를 받아 과학실의 한쪽 벽면이나 칠판에 나만의 주기율표를 만들어 보면 어떨까요?《사라진 스푼》에 등장한 원소의 정보를 활용한다면 재미있는 주기율표가 만들어질 것 같습니다. 붙였다 뗐다 할 수 있는 원소 블록(또는 스티커)을 사용하면 더 많은 친구들이 참여할 수 있지요. 친구들이 저마다의 기준을 세워서 원소 블록을 배치하고 각자의 주기율표를 완성하는 활동도 아주 흥미로울 듯합니다.

주기율표로 보드 게임 만들기

주기율표를 달리 보면 보드게임판 같지 않나요? 주기율표로 보드게임을 만들어 봅시다. 게임의 진행 방식이나 점수 계산법 등 게임 규칙을 정할 때는, 책에서 언급된 각 원소의 성질을 고려합니다. 게임이 완성되면 친구들과 테스트하여 문제점을 수정해서 완성도를 높여 봅시다.

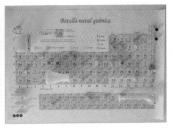

〈 원소 블록으로 만든 주기율표 〉　　〈 주기율표 보드게임 〉

[그림출처] Chemical Battleship

원소에 대한 인포그래픽 제작

《사라진 스푼》뿐만 아니라 원소를 주제로 한 다양한 책들을 활용해서 인포그래픽을 제작할 수 있습니다. 먼저 주제로 삼을 원소를 선정한 후 책을 통해 해당 원소를 조사합니다. 원소의 물리적·화학적 성질, 일상생활에서의 활용 사례, 역사적 배경 등을 바탕으로 하여 시각적으로 흥미로운 인포그래픽 자료를 제작합니다. 제작한 자료를 바탕으로 발표를 진행하거나 학급에 공유해 봅시다.

🜨 관련학과

화학과, 화학교육과, 재료공학과, 신소재공학과, 물리학과, 지구과학과

📖 같이 읽으면 좋은 책

《원소의 이름》(피터 워더스 | 윌북 | 2021)

《세상의 모든 원소 118》(시어도어 그레이 | 영림카디널 | 2023)

《원소 이야기》(팀 제임스 | 한빛비즈 | 2022)

《원소》(필립 볼 | 휴머니스트 | 2021)

《주기율표를 읽는 시간》(김병민 | 동아시아 | 2020)

《원소의 세계사》(휴 앨더시 윌리엄스 | 알에이치코리아(RHK) | 2013)

《원소의 왕국》(피터 앳킨스 | 사이언스북스 | 2014)

Part 3 화학 선생님이 소개하는 화학 책 읽기

BOOK 12

《세계사를 바꾼 12가지 신소재》

사토 겐타로 | 북라이프 | 2019

인류 역사의 결정적 순간에는 언제나 '신소재'가 있었다

이 책의 저자 사토 겐타로는, 과학 콘텐츠를 역사와 엮어 재미있게 풀어내는 데 일가견이 있는 과학 저널리스트입니다. 전작《세계사를 바꾼 10가지 약》에 이어 이 책《세계사를 바꾼 12가지 신소재》를 썼는데요, 인류의 역사에 큰 영향을 끼친 12가지 신소재를 다음과 같이 선정합니다. 금, 도자기(세라믹), 콜라겐, 철, 종이(셀룰로스), 탄산 칼슘, 비단(피브로인), 고무(폴리아이소프렌), 자석, 알루미늄, 플라스틱, 실리콘이 그것이지요. 인류가 이 신소재를 어떻게 발견하고 활용해 왔는지, 그리고 이러한 소재들이 세계사에 어떤 기여를 했는지 그 사례들을 정리했습니다.

《세계사를 바꾼 12가지 신소재》를 읽고서 학생들이 '신소재'라는 단어에 의문을 제기하는 경우가 종종 있습니다. 실제로 어떤 학생은 독후감 후기로 '탄산 칼슘과 비단을 포함한 몇 가지는 신소재로 보기 어렵다'는 의견을 밝히기도 했습니다. 여기서 우리가 생각해볼 것은 '신소재는 어느 시대에나 존재했다'는 사실입니다.

물론 현재의 기술을 기준으로 삼으면 엔지니어링 플라스틱이나 복합 재료, 초전도체처럼 높은 기술력을 필요로 하는 소재들만을 신소재로 분류해야겠지요. 하지만 어느 시대든, 해당 문명의 기술 수준이 한 단계 업그레이드 되도록 이끈 '신소재'가 등장했습니다. 적절한 상황에 딱 맞춰 등장한 그 신소재 덕분에 우리는 매번 새로운 시대를 열 수 있었다는 것이 저자의 견해입니다. 지금은 주변에서 흔히 볼 수 있는 도자기, 유리, 강철, 나일론 등이 그 대표적인 사례이지요.

앞서 학생이 지적했던 탄산 칼슘을 예로 들어 볼까요? 탄산 칼슘은 시멘트의 원료입니다. 도시의 도로나 인류의 건축사에 얼마나 큰 기여를 했는지 고려한다면, 중요한 건축 소재로서 사회 변화를 이끌어낸 신소재로 충분히 볼 수 있다고 생각합니다.

비단은 어떤가요? 비단의 주성분인 피브로인은 천연적으로 방부 처리가 된 질긴 단백질 섬유입니다. 그래서 비단으로 만든 옷은 섬유가 질겨서 튼튼하고, 장기간 보관해도 옷감이 상하지 않는 것이 특징입니다. 게다가 다른 옷감은 흉내 낼 수 없는 부드러운 감촉을 자랑합니다. 그러니 비단을 처음 접했던 사람들은 흠뻑 빠질 수밖에 없었겠지요. 그 인기는 실로 대단해서 동서양 간에 개척된 무역로를 실크로드, 즉 '비단길'이라 부를 정도였지요. 그러니 비단은 당연히 세계사에 영향을 미친 소재라 할 수 있겠습니다.

《세계사를 바꾼 12가지 신소재》는 조금은 낯선 주제를 다룬 책이지만 아주 편하게 책장이 넘어갑니다. 수준 높은 과학 개념도 일부 포함하지만, 독자들이 쉽게 이해할 수 있게끔 적절한 선에서 상세하게 풀어 설명합니다. 친절한 문장 덕분에 학생들도 부담 없이 읽을 수 있습니다.

반도체나 2차전지의 개발에 관심을 가지고, 신소재와 관련된 학과에 진학하기를 희망하는 학생들이 많아지고 있습니다. 본격적인 신소재 관련 서적을 탐독하기에 앞서, 전반적인 상식과 소양을 넓히기 위한 교양 과학서로 이 책을 한번쯤 읽어볼 것을 권합니다.

생기부 후속 활동으로 확장하기

나일론 합성 실험

고등학교 교육과정에는 '단위체의 중합 반응으로 다양한 고분자가 합성되는 것을 이해하여 화학 반응의 유용성을 인식할 수 있다'는 내용이 포함됩니다. 여기에 부합하는 연구 활동으로 '나일론 합성 실험'을 해볼 것을 제안합니다. 실험을 통해 나일론 합성과 관련된 중합 반응에 대해서 알게 된 내용, 그리고 실험 이후 추가 조사와 연구를 통해 알아낸 사실을 정리해서 보고서로 제출해 봅시다. 교육과정과 연계된 연구 활동으로서, 깊이 있는 과세특 및 진로활동으로 충분히 연결할 수 있습니다. 그 외에도 PDMS 탱탱볼 만들기, 액체괴물orbeez slime 만들기 실험도 함께 추천합니다. 단, 실험은 꼭 학교 선생님과 상의 후에 진행하세요.

| 참고 사이트 |

❖ PDMS 탱탱볼 만들기

❖ 액체괴물 만들기

신소재 관련 강의 수강

재료공학과나 신소재공학과를 염두에 두고 있다면 책의 내용에서 한층 심화된 내용을 온라인 강의로 수강해 보아도 좋겠습니다. 인터넷 강국답게, 현재 다양한 국내 사이트에서 대학 수준의 공개 동영상 강의를 콘텐츠로 제공하고 있습니다. 대표적으로 K-MOOC, KOCW, KOOC 등이 있는데요, 동영상 강의를 수강해 보면 자신이 관심 있는 분야와 진로를 구체화하는 데 상당한 도움이 되리라 생각합니다. 여기서 배운 내용과 느낀 점을 정리하여 보고서로 작성해 보세요.

| 참고 사이트 |

❖ K-MOOC(www.kmooc.kr)

❖ KOCW(www.kocw.net)

❖ KOOC(kooc.kaist.ac.kr)

❖ STAR-MOOC(www.starmooc.kr)

❖ COOC(mooc.cau.ac.kr)

관련학과

신소재공학과, 재료공학과, 고분자공학과, 공업화학과, 금속공학과, 나노공학과, 화학공학과, 세라믹공학과, 섬유공학과

같이 읽으면 좋은 책

《신소재 쫌 아는 10대》(장홍제 | 풀빛 | 2020)

《신소재, 4차 산업혁명을 이끄는 힘》(한상철 | 홍릉과학출판사 | 2019)

《첨단과학의 신소재》(전창림 | 자유아카데미 | 2009)

《신소재 이야기》(김영근, 안진호 | 자유아카데미 | 2021)

《나노화학》(장홍제 | 휴머니스트 | 2023)

《생활 속의 화학과 고분자》(정진철 | 자유아카데미 | 2010)

BOOK **13**

《미술관에 간 화학자》

전창림 | 어바웃어북 | 2013

미술이 '화학에서 태어난 예술'인 이유

《미술관에 간 화학자》는 미술과 화학이라는 서로 가깝지 않은 융합 주제를 다루는 책입니다. 흔치 않은 시도이니만큼 사람들의 관심도 많이 받아서, 개정증보판이 나올 정도로 베스트셀러가 되었습니다.

사실 물리나 생명과학에 비해 화학은 과학자들 사이에서도 비교적 진입 장벽이 높은 학문입니다. 그래서일까요? 미술 전공자 가운데 화학에 대한 전문성을 갖춘 사람은 찾기 힘듭니다. 그 반대도 마찬가지죠. 그런 점에서 이 책의 저자, 전창림 교수의 이력은 상당히 독특합니다. 화학공학, 산업공학, 고분자화학을 전공한 저자는 물감과 안료의 변화, 색의 특성을 연구하여 미술 분야의 소양을 갖췄습니다. 또한 미술대학에서 미술재료학과 색채화학을 강의한 경력도 가지고 있습니다. 덕분에 《미술관에 간 화학자》라는, 화학자의 시각에서 명화를 관찰한 책이 탄생할 수 있었지요.

책에서 다루는 미술 작품은 주로 유명한 서양화이지만 동양화, 한국화도 등장합니다. 작품 하나하나와 그 속의 상징들에 대해서 웬만한 미술서 못지않게 섬세하게 설명하고 있어요. 다른 한편으로는 과학자의 입장에서 미술의 재료를 분석합니다. 물감이 만들어지고 세월에 퇴색되는 과정, 정교한 유화가 탄생하는 데 공헌한 불포화지방산의 화학적 특성 등을 말해 줍니다.

선생님의 경우에는 '마리아의 파란색 치마를 그린 물감' 편이 상당히 인상적이었습니다. 당시 성모 마리아를 그릴 때는 '울트라마린'이라는 파란 염료가 꼭 필요했다고 합니다. 울트라마린은 아프가니스탄에서 출토되는 청금석이라는 광물이 원료인데, 황금 다음으로 비싼 아주 귀한 재료였다고 하지요. 실제로 선생님이 프랑스의 미술관을 방문하게 되어 직접 확인해 보니 정말 짙은 파란색 옷을 두른 여인은 대부분 성모 마리아인 게 아니겠습니까? 함께 간 일행에게 르네상스 시대 그림에서 성모 마리아를 쉽게 찾는 법을 알려주며, 예술적 교양을 한껏

뽐낼 수 있었습니다.

책 제목은 '미술관에 간 화학자'이지만, 화학에만 한정된 내용은 아닙니다. 과학 전반을 두루 다루는데, 어려운 수준은 아니어서 학생들도 교양 과학서로 충분히 즐겁게 읽을 수 있습니다. 361쪽에 달하는 만만치 않은 분량이지만 중간중간 명화와 삽화들이 큼직하게 배치되어 있어 책 전체를 정독해도 그리 부담스럽지는 않습니다. 목차에 각 장의 주제와 그림이 나와 있기 때문에, 목차를 먼저 살펴보고 관심이 가는 페이지로 이동하며 책을 읽어도 좋겠습니다. 다만 책 중간에 등장하는 '미술관에서 나누는 과학 토크'는 앞에서부터 순서대로 읽어 보았으면 합니다. 앞의 작품에 대한 과학적 내용을 한층 심도 있게 다루고 있으므로, 하나하나 찬찬히 읽어 보길 권합니다.

생기부 후속 활동으로 확장하기

과학의 시각으로 예술 작품 감상하기

한국화학연구원은 화학적 현상을 이용해 제작한 미술품의 전시회를 개최한 적이 있습니다. 요소와 아교, 안료 등을 섞어 만든 물감으로 색칠을 하면, 물이 증발하고서 아름다운 결정체가 남는데 이 화학적 현상을 예술로 구현한 작품이 전시되어 시선을 끌었지요. 그 밖에도 빛을 이용한 다양한 미술 전시회도 개최되고 있습니다. 이처럼 과학을 활용한 예술 작품을 가까운 미술관이나 박물관을 방문해서 확인해 봅시다. 그리고 어떤 과학적 원리가 작품 속에 포함되어 있는지 관찰하여 이를 보고서로 작성해 봅시다.

〈화학적 현상을 이용한 결정체 예술 작품〉

전자현미경 사진으로 예술 작품 제작하기

전자현미경은 물체를 비출 때 가시광선 대신 진공 상태에서 전자빔을 이용하여 시료를 고배율로 관찰하는 현미경입니다. 특히, 주사 전자현미경은 시료의 표면 이미지를 고해상도로 얻을 때 사용합니다. 이렇게 얻은 이미지는 전자가 시료와 충돌할 때 발생하는 신호를 검출하여 생성되기 때문에 흑백의 사진입니다. 이를 사진 편집 프로그램으로 채색하고 적절한 스토리를 입혀서 작품으로 만들어 봅시다. 친구들과 함께 작업해서 학교 축제 때 전시회를 개최하거나 학교 신문에 투고해볼 수도 있습니다.

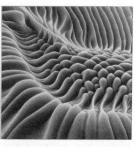

〈주사 전자현미경 사진〉

✿ 관련학과

화학과, 화학교육과, 물리학과, 생명과학과, 미술학과, 디지털콘텐츠학과, 예술공학

📖 같이 읽으면 좋은 책

《과학자의 미술관》(전창림 외 | 어바웃어북 | 2021)

《명화로 읽는 미술 재료 이야기》(홍세연 | 미진사 | 2020)

《미술 재료 백과》(전창림 | 미술문화 | 2020)

《미술관에 간 물리학자》(서민아 | 어바웃어북 | 2020)

《뉴턴의 아틀리에》(김상욱, 유지원 | 민음사 | 2020)

BOOK 14

《처음 읽는 2차전지 이야기》

시라이시 다쿠 | 플루토 | 2021

'미래의 석유' 2차전지에 대한
거의 모든 상식

2019년 화학 노벨상은 리튬이온전지를 개발한 세 명의 과학자 존 굿이너프John Goodenough, 요시노 아키라吉野彰, 스탠리 휘팅엄Stanley Whittingham에게 주어졌습니다. 리튬이온전지는 한 번 쓰고 버리는 건전지와는 다르게 충전과 방전을 거듭하며 사용할 수 있는 2차전지입니다.

우리나라에서도 2차전지는 미래 먹거리 산업으로 사람들의 관심을 많이 받고 있죠. 리튬이온전지는 다른 전지에 비해 매우 높은 전압을 가진 덕분에 휴대성이 필수적인 스마트폰, 노트북, 전기차의 전원 등으로 다양하게 사용됩니다. 에너지 전환의 시대인 현재, 전기차의 에너지원으로서 2차에너지의 중요성은 점점 커지고 있습니다. 만약 2차전지가 지금 수준의 성능으로 향상되지 못했다면 전기차는 결코 엔진 자동차의 대안으로 부상하지 못했을 것입니다.

《처음 읽는 2차전지 이야기》는 전지의 탄생과 전망, 원리와 활용 등 전지에 대해 우리가 궁금해하는 내용들을 상세히 다룹니다. 화학반응식이 많이 나오기는 하지만, 화학에 관심 있는 고등학생이라면 이해할 만한 수준입니다. '미래의 석유'라고 불리는 2차전지 산업 분야의 진로를 꿈꾸는 학생들이라면 이 책에 도전해볼 것을 권합니다. 쉬운 책은 아니지만, 2차전지가 어떤 구조로 이루어져 있고 어떤 원리로 작동하는지, 어떤 분야에서 구체적으로 사용되고 있는지에 대해 체계적이고 폭넓은 지식을 얻을 수 있습니다. 특히 2차전지의 활용과 응용 분야에 대한 내용은 공학과 사회의 영역까지 확장해서 다루고 있어서, 2차전지의 발전 방향을 제대로 짚어 주고 있습니다. 평소 배터리 개발에 관심은 있지만 2차전지라는 것이 막연하게 느껴졌다면, 본인의 관심사를 한층 깊이 있게 들여다보고 진로를 설정하는 계기가 될 거라 생각합니다.

이 책을 잘 소화하기 위해서는, 19쪽에 나오는 '전지의 기초'에 대한 내용부터 잘 정리하고 시작했으면 합니다. 산화환원 반응, 전지의 기본 구조, 화학반응식으로 이해하는 전지반응 등 전기화학의 기초 이론을 알기 쉽게 설명하기 때문입니다. 더해서 1장에 나오는 이온화경향, 표준환원전위, 깁스에너지, 표준환원전위를 구하는 방법도 중요한 개념이니 잘 익혀 두었으면 합니다.

본격적인 2차전지 이야기가 시작되는 3장과 4장은 내용이 조금 어려워서 충분히 소화하는 데 시간이 필요합니다. 이해가 안 가는 부분이 있다면 다시 앞 장으로 돌아가 기본적인 내용을 확인하고 재도전해 보세요. 3장에서 설명하는 니켈-카드뮴 전지부터 4장의 리튬이온전지 이야기까지 2차전지의 발달 과정을 제대로 파악했다면, 고등학생 수준에서 상당한 배경지식을 쌓았다고 할 수 있습니다. 2차전지의 문제를 해결하기 위해 공학적 방법을 모색해 나가는 과정, 그리고 다양한 전지의 개발을 시도하는 엔지니어링의 노력을 엿본다는 측면에서도 의미가 있습니다.

이 책의 마지막 5장에서는 차세대 2차전지를 이야기합니다. 리튬이온전지가 혁신적인 2차전지이긴 하지만 이미 다양한 분야에서 배터리의 성능 향상을 요구하고 있기 때문에 차세대 전지의 개발은 반드시 필요하지요. 친환경 시대에 중요한 역할을 하는 엔지니어를 꿈꾼다면 이 책의 마지막 장까지 놓치지 말고 잘 활용해 보면 좋겠습니다.

생기부 후속 활동으로 확장하기

2차전지 산업 관련 박람회 관람

사물인터넷, 인공지능 등 IT 기술과의 융합을 통해 4차 산업혁명을 주도할 미래의 산업은 모든 사물이 2차전지로 움직이는 시대를 맞이하고 있습니다. 2차전지와 관련된 박람회를 방문하면 양극소재, 음극소재, 분리막, 전해질 등 2차전지와 관련된 소재 및 부품을 눈으로 직접 볼 수 있습니다. 다양한 2차전지를 실제로 접하면서 책에서 읽은 내용을 확인해 보세요. 박람회를 통해 2차전지의 활용에 대한 새로운 아이디어를 얻을 수도 있습니다. 또 여러 기업들의 부스를 방문하여 제품에 대한 자세한 설명을 듣고, 평소 궁금했던 점을 현장에서 근무하는 전문가들에게 질문하는 기회도 얻을 수 있지요. 박람회를 관람한 후에는 참관 후기를 작성하거나, 관람하면서 느낀 점과 배운 내용을 정리하여 보고서로 작성해 봅시다.

2차전지 산업 및 연구 동향 분석하기

최근 2차전지 산업은 전기 자동차 산업의 성장과 함께 빠르게 발전하고 있습니다. 2차전지 관련 기업들의 사업 현황 및 연구 동향을 분석해 봅시다. 증권사 자료와 해당 기업의 주식 시세 변동을 조사하면 양질의 정보를 얻을 수 있어요. 나라면 어떤 기업의 주식을 보유하는 것이 좋을지 자신만의 포트폴리오를 작성하거나 해당 주식에 모의투자를 해보면 어떨까요? 모의투자는 자신이 분석한 내용을 실제로 검증해볼 수 있는 좋은 기회가 될 것입니다. 더불어 어떤 기업의 기술이 유망할지 기업의 전망을 예측하고 친구들과 토론을 통해 서로의 생각과 자료를 공유해 보는 것도 좋겠습니다.

🏵 관련학과

배터리공학, 신소재공학, 에너지공학, 재료공학, 화학공학, 화학과

📖 같이 읽으면 좋은 책

《리튬이온전지 발명 이야기》(요시노 아키라 | 성안당 | 2020)

《2차 전지의 혁신 전고체 전지》(사이토 가쓰히로 | 북스힐 | 2024)

《수소 연료전지 드론의 설계와 정비》(홍성호 외 | 성안당 | 2022)

《공기의 연금술》

토머스 헤이거 | 반니 | 2015

인류를 구원한 어느 화학자의 연금술

'공기의 연금술'이라니, 무슨 의미일까요? 공기를 이용해서 뭔가 귀한 물질이라도 만든 걸까요? 그렇습니다. 이 책은 말 그 대로 '공기에서 빵을 만들어낸' 과학자에 관한 이야기입니다. 주인공은 독일의 화학자 프리츠 하버Fritz Haber와 카를 보슈Carl Bosch입니다. 두 사람이 어떻게 연금술에 성공했는지를 알기 위해서는 먼저 '질소'에 대해서 알아야 합니다.

질소는 단백질과 DNA를 구성하는 원소로, 생명체가 성장하는 데 반드시 필요합니다. 농작물들도 물론 그렇지요. 그런데

MUST-READ FOR SCIENCE AND ENGINEERING COLLEGE   151

농장들은 매년 같은 자리에 반복적으로 곡물을 재배하기 때문에, 땅에 자연적으로 존재하는 질소의 양만으로는 농작물을 키워 내기 턱없이 부족합니다. 그래서 사람들은 농작물에 질소를 지속적으로 공급할 방법을 찾아야만 했지요.

급기야 1798년, 토머스 맬서스Thomas Malthus는 앞으로 인구가 급격히 증가해서 식량의 증가 속도를 뛰어넘을 것이고 전 지구적으로 기아 사태가 벌어질 것이라고 예측하여 세상에 충격을 던져 주었습니다. 영국의 과학진흥협회 회장 윌리엄 크룩스 William Crookes도 비슷한 예측을 했지요. 그리고 유일한 해결책은, 화학자들이 나서서 질소 비료를 대량으로 생산할 방법을 고안하는 것이라고 촉구했습니다.

사실 질소는 대기의 80퍼센트가량을 차지하는, 우리 주변에 흔히 존재하는 물질입니다. 다만 그대로 사용할 수 없다는 것이 문제지요. 왜냐하면 질소 원자가 삼중 결합으로 단단하게 결합되어 있기 때문입니다. 질소 기체가 반응하기 위해서는 삼중 결합을 끊고 질소 원자로 분해되어야 하는데, 그러기 위해서는 금속도 녹일 수 있는 3000℃ 정도의 열에너지가 필요합니다.

실제로 많은 화학자들이 질소 비료를 만드는 일에 매달렸습니다. 그리고 수많은 실패 끝에 드디어 '공기의 연금술사' 프리츠 하버가 역사상 가장 중요한 업적을 이루어 냅니다. 하버는

공기 중의 질소를 이용해 암모니아처럼 질소가 포함된 화합물
을 합성하는 데 마침내 성공합니다.

하버 이전의 과학자들도 암모니아를 합성하는 방법은 이미
알고 있었습니다. 다만, 암모니아를 합성하기 위해서는 높은 압
력을 견뎌낼 반응 기구를 제작해야 하는데 이 지점에서 번번이
좌절했지요. 그런데 프리츠 하버의 연구팀은 반응 기구 제작에
성공하여 암모니아를 합성해 냈습니다. 그리고 이후 암모니아
를 실제로 대량 생산한 것은 독일의 화학자 카를 보슈였습니다.
보슈의 연구팀은 2만 번의 실험 끝에 하버가 사용한 촉매보다
저렴한 개량된 철 촉매를 발견했지요.

《공기의 연금술》은 하버를 중심축으로 당시의 시대상과
과학자들의 이야기를 하나로 엮어낸 책입니다. 크룩스William
Crookes, 네른스트Walter Herrmann Nernst, 오스트발트Wilhelm Ostwald,
보슈Karl Bosch, 아인슈타인Albert Einstein 등 교과서에서 보았던 익
숙한 과학자들이 책의 여러 에피소드에 등장하기 때문에 이들
의 면면을 확인하는 재미가 있습니다. 또, 소설처럼 과거와 현
재를 오가는 입체적 구성 방식 또한 상당히 흥미진진합니다.

하버의 인생은 실제로 영화와도 같았습니다. 인류를 구원한
질소 비료의 개발자였으나 전쟁 중 독일을 위해 독가스를 적극
적으로 개발한 비정한 과학자이기도 했지요. 한편으로는 유대

인이라는 출신 때문에 나치에 의해 모든 것을 잃게 되는 굴곡진 인생을 살았습니다.

이 책은 질소 비료의 발명을 둘러싼 과학사와 하버의 인생을 흥미롭게 보여줄 뿐 아니라, 하버-보슈 공정으로 전 세계에 투입된 합성 질소가 생태계에 얼마나 큰 변화를 일으켰는지에 대해서도 조명합니다. 질산염 과잉으로 녹조 현상이 발생하고, 담수 생태계와 바다까지 무너졌지요. 이제 대규모 단일 재배로 수많은 인구를 먹여 살릴 수 있게 되었지만, 토질이 나빠지고 동식물은 병충해를 입었습니다. 이 책을 읽는 학생들은 인류가 누리는 전례 없는 풍족함의 뒤에 드리워진 어두운 그림자까지 살펴보고, 우리가 과학의 발전을 어떻게 감당하고 이용해야 하는지를 고민해 보았으면 합니다.

생기부 후속 활동으로 확장하기

학교 신문에 '팩트 체크' 기사 내기

프리츠 하버의 생애와 암모니아 합성에 대한 이야기는 인터넷에서 쉽게 접할 수 있습니다. 다만 각색이 많이 되었고, 그 중에는 검증되지 않은 내용도 더러 포함되어 있습니다. 일례로, 하버가 철 촉매를 사용하여 암모니아를 대량 합성했다는 내용은 사실이 아니며, 하버의 부인 클라라가 남편이 독가스를 발명한 것 때문에 죄책감으로 자살했다는 내용은 확인되지 않은 이야기입니다.

책에서 읽은 내용과 인터넷 및 유튜브에서 구한 정보를 비교하여 잘못된 정보에 대해서 사실 확인을 하고 그 내용을 보고서로 작성해 봅시다. 이를 바탕으로 학교 신문에 〈팩트 체크 보고서〉를 칼럼 또는 기사의 형태로 제출할 수도 있겠지요.

과학자의 역할과 책임에 대한 토론

과학기술은 우리의 삶에 중대한 영향을 미칩니다. 그렇기에 과학이 발전하는 과정에서 발생하는 윤리적 문제는 다른 상황에서보다 파급력이 훨씬 크고 심각할 수 있습니다. 프리츠 하버의 생애 속에는 한 인간으로서 과학자의 모습, 과학이 사회에 영향을 끼치는 장면이 드러납니다. 하버가 암모니아 합성을 통해 인류의 식량 문제를 해결한 것은 큰 업적이지만, 동시에 제1차 세계대전에서 독가스를 개발한 것은 윤리적 문제로 비판받고 있습니다. 내가 만약 프리츠 하버였다면 나라를 위해서 어떤 연구를 했을지 과학자들의 역할과 책임에 대해 친구들과 토론해 봅시다. 더불어 뉘른베르크 강령, 헬싱키 선언을 통해 과학자의 연구가 사회에 미치는 영향을 고찰하고, 윤리적 책임의 중요성을 알아봅시다.

관련학과

화학과, 화학공학과, 신소재공학과, 재료공학과, 에너지공학과, 기계공학과

같이 읽으면 좋은 책

《부분과 전체》(베르너 하이젠베르크 | 서커스출판상회 | 2023)

《미래에서 온 남자 폰 노이만》(아난요 바타차리야 | 웅진지식하우스 | 2023)

《스핀》(이강영 | 계단 | 2018)

《퀀텀스토리》(짐 배것 | 반니 | 2023)

BOOK 16

《화학 연대기》

장홍제 | EBS BOOKS | 2021

지구의 탄생부터 나노화학까지, 화학사의 이정표를 찾아 떠나는 여행

《빅 히스토리》라는 베스트셀러가 있습니다. 138억 년 우주의 역사를 1년으로 보았을 때 우리 인류의 역사는 마지막 1분에 불과하다는 개념을 바탕으로 한, 우주와 인간 문명의 장대한 역사를 다룬 책입니다. 《화학 연대기》는 화학을 주제로 한 '빅 히스토리'라 할 만합니다. 1장의 도입부는 원자와 빅뱅으로 시작하여 책 중반부쯤에는 화학 혁명에 도달합니다. 중세 시대까지 이어져온 아리스토텔레스의 과학 철학은 과학 혁명을 맞이하여 '과학적 실험 방법'이라는 무기에 의해 무너졌습니다. 그리고 이 시기에 화학자들이 역사의 전면에 하나둘 등장하기 시작했습니다. 이들은 과학 혁명을 잇는 화학 혁명을 통해, 화학이라는 학문 체계를 완성하고 인류가 물질을 새롭게 이해하는 계기를 마련했습니다.

"시간은 계속해서 흐르고 학문의 발달은 차곡차곡 쌓인다."

저자의 한마디는 책 전체를 관통하는 주제입니다. 교과서에 한 줄의 짧은 정의로 실려 있는 건조한 과학 개념. 그 한 줄에는 과학자들의 치열한 노력과, 기존의 이론을 향한 험난한 도전의 과정과, 셀 수 없이 많은 시간이 얽혀 있습니다.

화학은 화학자들이 홀로 세운 학문 분야가 아닙니다. 책의 중후반부에서는 다양한 화학자, 물리학자, 생명과학자가 등장합니다. 이들을 통해서 분석화학, 무기화학, 물리화학, 유기화학, 의약화학, 양자화학, 섬유화학, 생화학, 그리고 나노화학에 이르기까지 화학이라는 학문이 만들어지는 긴 과정을 확인할 수 있습니다.

이 책의 부제는 '세상을 바꾼 작고도 거대한 화학의 역사'입니다. 그에 걸맞게 방대한 내용을 한 권에 담다 보니 전체 페이지가 571쪽으로 꽤 두껍습니다. 한 손으로 들고 보기에 부담이 될 정도로 무거워요. 이런 종류의 책은 무작정 덤벼들지 말고

'투 트랙'으로 접근할 것을 권합니다. 우선, 백과사전처럼 활용해 보세요. 목차를 보면 총 15개의 주제로 나뉘어 있습니다. 각 주제가 시대순으로 정리돼 있긴 하지만 내용은 독립적이에요. 즉, 앞의 내용을 꼭 알아야만 뒤의 내용을 이해할 수 있는 것이 아니라는 이야기지요. 그러니 백과사전처럼 내가 원하는 주제만 선택해 읽어도 큰 상관이 없습니다. 만약 학교에서 '엔트로피'를 배우고 있다면 10장의 '열과 에너지의 비밀을 찾아서: 물리화학' 편으로 바로 찾아 들어가면 됩니다.

그렇게 부분부분 책을 읽다가 어느덧 절반 이상의 주제를 읽었다면, 여유가 조금 있을 때 시대순으로 읽으면 좋습니다. 만약 시간이 영 부족하다면 7장 '폭발하는 뇌관: 화학혁명' 편을 기점으로 책을 두 부분으로 나눠 읽는 것도 방법입니다. 중간에 모르는 용어가 나오더라도 멈추지 마세요. 전체를 꼼꼼하게 읽는 것보다는 슬쩍 훑어본다는 자세로 접근하는 것이 좋습니다. 화학의 여정이 우주의 시간만큼이나 광활하며, 우리가 바라보는 세상의 모든 곳에 화학이 존재한다는 사실을 짐작할 수만 있다면 그것으로 성공입니다.

생기부 후속 활동으로 확장하기

심화 주제탐구

책의 513쪽에는, 본문에서 언급된 과학 이론이나 실험에 대한 원서 또는 논문의 제목이 참고문헌 형태로 정리되어 있습니다. 구글링하다 보면 해당 원서나 논문을 찾을 수 있습니다. 외국어 논문의 경우에는 인터넷 번역 서비스를 이용해서 우리말로 살펴볼 수 있습니다. 1800년대 또는 1900년대 과학자의 시각에서 작성된 논문(경우에 따라서는 3쪽도 안 되는 분량)은 의외로 2020년대 한국에서 입시를 준비하고 살아가는 우리 학생들에게 그렇게 어렵지 않을 수도 있어요. 화학의 연대기를 짚어가면서 원문 강독을 통해 당시의 과학자와 어깨를 나란히 해보는 소중한 경험을 얻어 보길 추천합니다. 화학에 대한 자신감은 덤으로 얻을 수 있습니다.

과학자의 일대기를 그래픽 노블로 제작하기

《화학 연대기》에 등장하는 여러 과학자들 가운데 가장 인상 깊었던 한 명을 선정하여 '그래픽 노블Graphic Novel'을 제작해 봅시다. 그 과학자의 일대기를 책이나 인터넷을 통해 조사하고, 일대기 중 몇 장면을 스토리로 작성해 보세요. 대화형 인공지능 챗봇 서비스인 Copilot, Gemini, CLOVA X 등을 활용해도 좋습니다.

이제 해당 장면을 묘사하는 그림도 추가해 봅시다. 그림 실력이 좋은 친구는 손으로 그려도 좋고, 자신이 없다면 Dall·e, 뤼튼 등을 활용해 봅시다. 각 장면에 대한 묘사를 텍스트로 입력하면 AI로 이미지를 생성할 수 있습니다. 친구들과 함께 여러 과학자의 생애를 한 권의 책에 담는 공동 프로젝트를 제작한다면 더 의미가 있을 듯합니다.

🦠 **관련학과**

화학과, 화학교육과, 화학공학과, 신소재학과, 환경공학과, 생명공학과, 약학과, 의학과

📑 **같이 읽으면 좋은 책**

《교양인을 위한 화학사 강의》(옌스 죈트겐 | 반니 | 2018)

《과학혁명의 구조》(토머스 쿤 | 까치 | 2013)

《코스모스: 가능한 세계》(앤 드루얀 | 사이언스북스 | 2020)

《빅 히스토리》(데이비드 크리스천, 밥 베인 | 해나무 | 2013)

독서로 챙기는 생기부 사례

활용 도서
《화학 연대기》

　《화학 연대기》를 읽고 책 속에 등장하는 과학자 중 인상적인 한 명을 선정합니다. 선정된 과학자의 생애를 그래픽 노블로 만들어 봅시다. 그래픽 노블은 그림graphic과 소설novel의 합성어로, 만화와 소설의 중간 형식을 취하는 작품입니다. 어떤 작품은 말풍선이나 내레이션 없이 그림만으로 이야기를 끌고 나가기도 합니다. 일반 만화보다 서사적이고 진지한 주제를 다루며, 작가만의 개성적인 화풍을 드러내는 것이 특징입니다.

　그래픽 노블을 그리는 과정은 크게 스토리 기획, 스토리보드 작성, 드로잉 등으로 나눌 수 있습니다. 스토리 기획 단계에서는 이야기의 전개를 구체화하고, 스토리보드를 통해 이야기의 흐름과 화면 구성을 설정합니다. 그 후에는 드로잉하여 이야기를 시각적으로 풀어 냅니다.

　AI 챗봇(ChatGpt, Copilot, ClovaX, Perplexity, Gemini 등)을 활용하여 스토리를 장면 별로 풀어내고, 화면 구성의 아이

디어를 얻습니다. 그다음, 이미지 생성 AI(MidJourney, SDXL, Dall·e 등)을 활용하여 스토리보드에 맞게 그림을 만들어 냅니다. 이후 필요에 따라 사진 편집 프로그램이나 일러스트 프로그램 등으로 말풍선이나 내레이션을 입력합니다.

① AI 챗봇(ChatGpt, Copilot, ClovaX, Perplexity, Gemini 등)을 활용한 스토리 기획

질문	너는 스웨덴의 유명한 화학자 알프레드 노벨의 생애를 전기로 작성하는 작가야. 알프레드 노벨의 생애를 간단하게 정리해 줘.
AI 답변	알프레드 베른하르드 노벨은 스웨덴의 과학자, 산업가로, 1833년 10월 21일에 스톡홀름에서 태어났고, 1896년 12월 10일에 이탈리아의 산레모에서 세상을 떠났습니다. 건축업자 겸 발명가의 아들로 태어난 노벨은, 30세 때부터 아버지와 함께 연구를 시작했고, 니트로글리세린을 규조토에 흡수시켜 만든 고체 폭약을 발명하여 '다이너마이트'라는 상표명을 붙여 판매하기 시작했습니다. 다이너마이트는 기존의 폭약보다 안전하면서도 훨씬 위력이 강해서 채굴 작업이나 건설 산업에 널리 활용되었으며, 인명을 살상하는 데 쓰이기도 했습니다. 노벨은 또한 평화를 갈망했으며, 그의 유언에 따라 노벨상이 만들어졌습니다. 그의 유산은 스웨덴 과학 아카데미에 기부되어 노벨상이 매년 수여되고 있습니다. 노벨은 과학적 업적과 평화를 위한 기여로 기억되며, 그의 이름은 노벨륨이라는 원소와 노벨 박물관에도 남아 있습니다

② AI 챗봇을 활용한 스토리보드 작성

질문 #1	노벨이 니트로글리세린을 규조토에 흡수시켜 다이너마이트를 만드는 에피소드를 가지고, 10컷의 스토리보드를 작성해 줘.
AI 답변 #1	스토리 보드 : "다이너마이트 탄생" **프레임 1_** 노벨이 연구실에서 실험 중인 모습. 그는 니트로글리세린과 규조토를 혼합하고 있습니다. **프레임 2_** 노벨이 혼합물을 주머니에 넣는 모습. 그의 눈에는 흥분과 기대가 묻어 있습니다. **프레임 3_** 노벨이 산업 지역으로 향하는 모습. 그의 손에는 작은 용기가 들어 있습니다. **프레임 4_** 공사 현장에서 노벨이 다이너마이트를 사용하는 모습. 폭발음과 연기가 퍼져 나갑니다. **프레임 5_** 건설 작업자들이 다이너마이트를 사용하여 돌을 파괴하는 모습. 노벨은 그들의 작업을 지켜봅니다. **프레임 6_** 노벨이 다이너마이트의 효과를 관찰하는 모습. 그의 얼굴에 만족한 표정이 드러납니다. **프레임 7_** 노벨이 다이너마이트의 안전한 사용법을 설명하는 모습. 그의 손짓과 표정이 자신감을 보여줍니다. **프레임 8_** 노벨이 다이너마이트의 잠재적 위험성을 고려하는 모습. 그의 눈에는 깊은 고민이 담겨 있습니다. **프레임 9_** 노벨이 다이너마이트의 활용 범위를 탐색하는 모습. 그의 머릿속에는 무한한 가능성이 번뜩입니다. **프레임 10_** 노벨이 다이너마이트의 발명으로 세계를 변화시킨 모습. 그의 이름은 영원히 기억됩니다.

질문 #2	AI로 위의 '프레임 5'의 장면을 이미지로 만들려고 해. '프레임 5'의 장면을 자세히 묘사해서 글로 작성해 줘.
AI 답변 #2	물결치는 먼지와 연기로 가득한 건설 현장. 노벨은 흰색 헬멧을 쓴 작업자들이 다이너마이트를 사용하여 돌을 파괴하는 모습을 지켜보고 있습니다. 그의 눈은 흥분과 기대로 반짝이며, 그의 얼굴에 만족한 표정이 드러납니다. 폭발음과 연기가 퍼져 나가는데, 그 소리와 냄새는 그의 발명품이 세계를 변화시키고 있다는 것을 상기시킵니다. 노벨은 이 작업자들의 노력을 칭찬하며, 다이너마이트의 효과를 관찰하고 있습니다.

③ 이미지 생성 AI(MidJourney, SDXL, Dall·e 등)를 활용하여 스토리보드에 맞게 그림 그리기

질문	위의 답변을 카툰 스타일의 그림으로 그려 줘.
AI 답변	

과세특 예시

알프레드 노벨의 생애를 그래픽 노블로 제작하기 활동

화학에 대한 깊은 관심과 호기심을 지닌 학생으로서, 자기주도적인 학습 태도와 창의적인 사고력을 갖추고 있으며, 새로운 기술을 적극적으로 활용하여 자신의 생각을 표현하는 능력이 뛰어남. '화학 연대기'(장홍제)를 읽고 스웨덴의 화학자 알프레드 노벨의 생애를 그래픽 노블로 제작함. 조사한 자료를 바탕으로 AI 챗봇을 이용하였고, 그 내용을 스토리보드로 작성하는 과정에서 과학적인 지식과 인문학적인 지식을 조화롭게 활용함. 이미지 생성 AI를 활용하여 알프레드 노벨의 일대기에서 노벨의 연구에 대한 열정, 기술의 윤리적 사용에 대한 고뇌에 대한 서사를 개성 넘치는 그림으로 표현하여 그래픽 노블로 제작함.

MUST-READ FOR
SCIENCE AND ENGINEERING
COLLEGE

PART
4

생명과학 선생님이
소개하는
생명과학 책 읽기

★ ★ ★ ★

MUST-READ FOR
SCIENCE AND ENGINEERING
COLLEGE

BOOK 17

《하리하라의 청소년을 위한 의학 이야기》

이은희 | 살림Friends | 2014

노벨 생리의학상으로 배우는
25가지 위대한 연구들

우리는 태어난 직후부터 수많은 생명체와 피부를 맞닿으며
살아갑니다. 나를 밀접하게 둘러싼 생명체들, 그리고 나의 몸속
에서 일어나는 다양한 현상에 궁금증을 갖게 되지요. 여기에 답
하기 위해서 생명체 및 생명 현상을 연구하여 과학적으로 설명
하는 학문이 바로 생명과학입니다. 생명과학은 모든 공학 기술
이 궁극적으로 지향하는 또 하나의 목표를 공유합니다. 바로 인
류의 삶을 편리하게 하고, 건강을 지키며, 수명 연장을 도모하

는 것이지요.

생명과학에는 여러 분과의 학문이 포함되는데, 그중에서도 응용생명과학의 한 분야인 의학은 우리가 건강한 삶을 살아가는 데 기본적인 지식을 제공합니다. 그렇기에 꼭 생명과학 전공을 희망하는 학생이 아니더라도 배경지식을 갖추는 일이 필요합니다.

현재는 당연하게 받아들이고 있는 의학 지식은 누가, 언제, 어떻게, 왜 연구했을까요? 이 책은 인류를 구원한 의학사 가운데 과학사적으로나 인류사적으로 의미 있는 25가지 연구를 다룹니다. 즉, 역대 노벨 생리의학상 수상자들의 25가지 연구 업적을 선정하여 소개하고 있어요. 결핵균을 발견한 로베르트 코흐Robert Koch의 세균학부터 DNA의 구조를 밝혀 내어 생명의 근본적인 비밀을 푼 왓슨James Watson과 크릭Francis Crick, 세상의 수많은 불임 부부들에게 생명을 선사한 로버트 에드워즈Robert Edwards의 시험관 아기 이야기 등 질병의 실체를 벗기고 인류를 고통에서 구한 과학자들의 이야기를 무겁지 않게 담았습니다.

과학을 쓰고 알리는 '과학 커뮤니케이터'로 유명한 저자는 연구의 역사적 배경과 과학자들이 문제를 인식하고 탐구해 나가는 과정, 그리고 그 연구가 의학사에 기여한 점을 청소년의 눈높이에 맞게 재미있게 풀어 냈습니다.

학생들에게 특히 이 책을 추천하는 이유는, 25가지 이야기 중 대부분이 고등학교 「생명과학 I」, 「생명과학 II」 교과에서 다루는 개념과 연계되기 때문입니다. 교과 시간에 학습한 내용을 깊이 이해하고 이를 확장하여 탐구 활동으로 이어가고 싶을 때 징검다리가 되어줄 수 있는 책인 셈이지요.

이 책의 내용은 의학에만 국한되지 않고 폭넓은 생명과학 지식을 전달합니다. '청소년을 위한' 책인 만큼 과학자가 연구한 개념들을 비유적 표현을 들어 쉽게 설명하고 사진 자료, 흥미로운 일화 등을 풍성하게 곁들였습니다. 관련 지식이 없는 상태에서 책을 손에 들었더라도, 저자를 따라 배워 나가며 읽을 수 있습니다.

책의 차례를 보면 25가지 의학 이야기가 각각 어떤 분야를 다루는지 알 수 있습니다. 익숙한 주제, 현재 과학 수업 시간에 배우는 개념부터 골라 읽어 보는 것을 추천합니다. 생명과학 개념을 암기식으로 학습할 때보다 이야기의 흐름을 통해 읽는다면 한층 깊이 있게 습득할 수 있으니까요. 어떤 시대적 배경 속에서 과학자들이 그 연구를 필연적으로 하게 되었는지, 실제로 그들의 발견이 우리의 삶을 어떻게 바꾸어 놓았는지에 초점을 맞추어 책을 읽는다면 좋겠습니다. 이 책을 통해 우리는 과학자들이 숱한 실패의 경험 끝에 창의적 발상으로 문제를 해결해 나가는 과정을 들여다보게 됩니다. 지식의 한계를 극복하는 연구자의 자세를 배울 수 있어 과학 및 공학계열 진로를 희망하는 학생들에게는 더욱 추천합니다.

관련 개념을 더 깊이 공부하고 싶다면 책 맨 뒤의 주제별 참고문헌 목록에서 필요한 책을 찾아봐도 좋겠습니다. 혹은 학회나 협회 사이트 등에서 과학 용어와 내용을 찾아보고 정리해 가며 읽는 것도 좋은 방법이지요. 저자 '하리하라'의 다른 교양과학 도서들도 자칫 어려울 수 있는 과학 개념을 재미있게 소개하고 있으니 후속 활동으로 다른 책들도 읽어 보기를 추천합니다.

생기부 후속 활동으로 확장하기

26번째 의학 이야기 작성하기 활동

이 책에 소개되지 않은 노벨상 수상자의 업적을 책의 이야기 형식에 맞추어 작성해 보는 모둠 활동을 진행해 봅시다. 노벨상의 6개 부문 중 자신이 관심 있는 부문이나 최근 수상자의 업적을 선정하여 탐구해 보세요.

심화 주제 탐구

| 전공 개념 심화 탐구 | 생명과학 전공을 희망하는 학생이

라면 개념을 증명한 실험이나 그 원리, 또는 개념이 활용되고 있는 의학 기술을 탐구할 것을 추천합니다. 노벨 생리의학상 수상자의 논문, 일반 생명과학 등의 전공 서적 등을 참고하거나, 책 410쪽 참고문헌의 도서 목록을 보고 관련 독서로 확장하며 탐구해도 좋습니다.

예) 20장 '세포도 자살한다'를 읽고 세포 사멸 관련 유전자의 종류, 효소 및 신호 체계의 활성화로 세포 자살이 유도되는 일련의 과정 탐구

| 학문 간 융합 탐구 | 생명과학 전공 희망자가 아니라면, 책에서 다룬 의학 개념과 본인의 희망 전공이 서로 어떻게 영향을 주고받았는지를 융합적으로 탐구해볼 수 있습니다.

예) 15장 'DNA를 원하는 대로 자를 수 있다면'을 읽고 제한효소 발견으로 탄생한 유전자재조합**GM** 작물이 식품 산업에 미친 영향 탐구, GM 작물로 생겨난 'GMO 완전표시제'가 경제에 미친 영향 탐구

| 탐구 설계 | 책에서 접한 개념에 대해 궁금증을 적어 보고, 조사를 통해 의문을 해결하는 과정을 글로 작성하여 발표해 보

세요. 또는 과학자들의 연구 과정을 참고하여 궁금증을 해결할 수 있는 가설을 설정해 보고, 다양한 변인을 고려하여 이를 검증하기 위한 실험을 설계하고 수행할 수 있습니다.

노벨 생리의학상 업적을 주제로 페임랩 발표하기

페임랩은 과학 커뮤니케이터 경연대회로, 3분의 제한 시간 동안 창의적이고 명료하게 자신의 연구 내용을 발표하는 행사입니다. PT 자료를 보지 않고 소품만을 활용하여 발표해야 하기에 완벽한 숙지가 필요하지요. 책을 읽고 노벨 생리의학상을 수상한 연구 업적 가운데 소개하고 싶은 것, 또는 책에서 확장하여 직접 진행한 탐구 내용을 주제로 선정한 후 과학 커뮤니케이터가 되어 페임랩 형식으로 발표해 보세요. 어떤 소품이 이 개념을 이해하는 데 도움을 줄 수 있을지 고민하며 직접 제작해 보고, 3분 안에 압축하여 전달할 수 있도록 대본을 작성함으로써 개념을 체화할 수 있습니다. 내 모습을 직접 촬영하면서 발표 연습을 한다면, 발표 활동뿐만 아니라 대입 면접을 준비하는 데에도 도움이 될 거예요.

✺ 관련학과

의학 및 보건 계열, 생명과학과, 생명공학과

🔖 같이 읽으면 좋은 책

《서민 교수의 의학세계사》(서민 | 생각정원 | 2018)

《역사가 묻고 생명과학이 답하다》(전주홍 | 지상의책 | 2023)

《바로 읽는 생명과학의 역사》(아이작 아시모프 | 탐구당 | 2017)

《의학의 대가들》(앤드루 램 | 상상스퀘어 | 2023)

《하리하라의 바이오 사이언스》(이은희 | 살림출판사 | 2009)

《하리하라의 생물학 카페》(이은희 | 궁리출판 | 2002)

Part 4 생명과학 선생님이 소개하는 생명과학 책 읽기

BOOK 18

《컨테이너에 들어간 식물학자》

최성화 | 바이오스펙테이터 | 2019

괴로운 암기 과목?
신약 개발 스토리로 읽는 현실 속 생명과학

'바이오의약품'은 생명과학 분야의 진로를 꿈꾸는 학생들에게 "나중에 어떤 분야를 연구하고 싶니?"라고 물으면 빠지지 않고 나오는 단어입니다. 생물체와 생명공학 기술을 이용해 만드는 바이오의약품은 「생명과학Ⅱ」의 '생명공학 기술과 인간 생활' 단원에서 유전자 재조합 기술을 배우고 나서야 그 원리를 어렴풋이 이해할 수 있습니다. 그만큼 개념 자체가 어렵고 비교적 최근에 연구된 분야입니다. 그럼에도 많은 학생이 친숙하게 느끼고 관심을 보이는 이유는 코로나19로 바이오의약품 중 하나인 항체 의약품에 대한 사회의 관심이 급증했기 때문일 것입니다. 뉴스나 기사 등에서 신약 개발 이슈를 자주 언급하면서 각광받는 연구 분야로 자연스레 인식하게 된 경우도 많지요. 그러나 사실 학생들 대부분은 바이오의약품의 이론적 원리만 단순하게 이해할 뿐, 실제 개발 과정에 대해서는 정보를 접할 기회가 없습니다.

이 책은, 바이오의약품 연구원이자 식물학자인 저자가 신약 개발에 도전하는 스토리를 담고 있습니다. 바이오의약품 생산의 현주소를 엿볼 수 있어서 학생들에게도 좋은 자료가 되리라 생각합니다. 실제로 저자는 고등학생들이 생명과학이라는 과목을 외울 것이 너무 많은 힘든 과목으로 생각하는 현실을 안타까워합니다. "생명과학은 암기 과목이 아닌 스토리텔링 과목"이라는 것이지요. 단순 지식만을 암기할 것이 아니라 앞과 뒤, 부분과 전체를 알려주어야 한 발자국 벗어나 전체 그림을 그릴 수 있다고 저자는 말합니다.

저자는 '왜 식물세포를 이용해서는 바이오의약품을 개발하지 않지? 시간과 비용을 절약할 수 있는데!'라는 의문을 품습니다. 그리고 컨테이너 안에 차린 식물공장에서 항체 의약품을 만드는 일에 직접 도전합니다. 책의 곳곳에는 저자가 털어놓는 식물 연구에 대한 편견, 동물세포를 이용한 바이오의약품 연구의 실제와 그 한계, 규제과학과 그 역할, 규모의 경제로 인한 신약 개발 분야의 제한 등 바이오의약품 연구의 현실적인 이야기를 생생히 접할 수 있습니다. 때때로 복잡한 물질명과 어려운 원리가 등장하기는 하지만, 저자의 고민과 실제 연구 과정을 잘 담아서 저자의 표현처럼 '생명과학의 세계를 하나의 덩어리로' 이해할 수 있습니다.

얇은 책이지만 내용은 상당히 묵직합니다. 바이오의약품 연구가 실제로 어떻게 이루어지는지를 체험할 수 있을 뿐 아니라, 식물의 면역 시스템이 인간을 비롯한 동물과 어떻게 다른지도 자연스럽게 습득할 수 있습니다. 또한 바이오의약품은 동물세포로만 만든다는 암묵적인 틀을 깨고 식물세포를 이용해 연구 중인 저자의 참신한 발상과 실행력을 지켜보며 과학의 역할 및 과학자로서 필요한 역량도 고민해볼 수 있지요. 연구원을 꿈꾸는 학생들이라면 꼭 읽어 보았으면 하는 책입니다.

저자는 식물학자이지만 식물로 바이오의약품을 연구하는 벤처기업을 만들어 활동하고 있습니다. 이를 통해 생명과학, 생명공학 및 타 분야의 경계가 명확히 구분되는 것이 아니며 융합적이고 유연한 사고로부터 새로운 가치가 창출될 수 있음을 배우게 됩니다. 학생들이 직업과 진로를 고민할 때도 도움이 되리라 생각합니다.

연구원이자 대학교수인 저자가 대중을 위해 풀어서 설명한 책이기는 하나, 청소년을 위한 다른 과학 도서들만큼 친절한 책이라고 보기는 어렵습니다. 고등학교「생명과학Ⅰ」의 인체의 방어 작용을 공부하고서 항원, 항체, 면역 체계 등의 개념을 이해한 후 읽어 보는 것을 권장합니다. 읽으면서 생소한 개념이나 의약품이 나오면 따로 정리해 두었다가 관련 의학 기사나 개념을 다룬 책을 찾아서 스스로 학습해 보기를 바랍니다. 책에 등장하는 과학적 내용을 자세히 찾아볼 수 있도록 참고문헌이 수록되어 있으니 참고하면 좋겠습니다. 이렇게 책을 한바퀴 읽고서 개념을 이해했다면 시간을 두고 한 번 더 읽어 보세요. 저자의 신념과 연구 과정의 큰 흐름이 눈에 더 잘 들어올 것입니다.

만약 바이오의약품 개발 식물공장의 효율적 운영을 위한 스마트팜이 궁금해졌다면, 스마트팜과 관련된 책들을 찾아 읽어 보아도 좋습니다. 컴퓨터공학과 환경공학, 원예학, 의약학 간의 연계와 그 동향을 파악해 보세요. 바이오의약품의 공정 과정에 대해 이해했다면 심화 후속 활동을 위한 책으로《신약개발 전쟁》을 추천합니다. 바이오시밀러, 버추얼 바이오테크, 면역항암제, 칵테일 항체 치료제, 바이오인포매틱스, 마이크로니들패치 등 요즘 뜨는 바이오 기술과 전망이 잘 나와 있어서 한국의 신약개발 현황에 대해 파악할 수 있습니다.

생기부 후속 활동으로 확장하기

일상 개선 아이템 설계하기

저자는 '바이오의약품=동물세포CHO'라는 공식을 깨고 식물 세포로 항체 의약품을 만드는 꿈을 실현해 나가고 있습니다. 터무니없어도 모든 과학은 상상에서 출발하며, '과학자는 세상에 없는 것을 그렸다가 지웠다가를 반복하는 사람들'이라고 저자는 표현합니다. 다들 A라고 알고 있던 것이 사실은 B였다고 밝히는 일이 곧 과학이라는 이 책의 메시지에 주목하여, 실제로 일상생활에서 당연하다고 여겼던 것 속에서 불편함을 찾고 이를 개선할 수 있는 아이템을 설계해 보는 활동을 추천합니다. 상상으로만 그치지 않고 과학적으로 실현 가능성을 확인해 보고, 그 한계와 가능성을 분석한다면 좋은 보고서를 작성할 수 있습니다.

염기서열 확인 및 생물종 간의 유사성 비교하기

저자는 키가 작아진 애기장대 돌연변이와 정상 키의 애기장대가 가진 유전자 염기서열을 서로 비교함으로써 돌연변이에서 염기서열이 바뀐 특정 유전자가 키를 크게 하는 데 관여한다는 사실을 발견했습니다. 또한 사람에게 있는 질병 관련 유전자들 중 일부는 애기장대도 갖고 있음을 확인했습니다. 이렇듯 특정 유전자의 염기서열을 확인하는 과정은 유전자 연구에 있어 필수적인 단계입니다. 미국 국립생물정보센터NCBI에는 염색체 정보가 수록되어 있으며 특정 DNA, RNA, 단백질의 서열과 입체 구조를 확인할 수 있습니다. 사이트에 접속하여 궁금한 특정 유전자의 염기서열을 직접 확인하고 나아가 유전자가 어떤 기능을 하는지 탐구해 보세요. 여러 생물 종의 유전자 염기서열을 비교함으로써 진화적 유연관계를 파악하는 활동도 수행할 수 있습니다. 나아가 이러한 생물학 관련 데이터를 통계학과 컴퓨터 시스템의 도움으로 분석하는 최신 분야 학문인 '생물정보학'에 대해 조사해 보세요. 데이터를 분석하고 다루는 첫걸음을 경험할 수 있습니다. NCBI를 활용하는 방법은 유튜브에서 검색하면 다양한 영상을 통해 확인할 수 있습니다.

| 참고 사이트 |

❖ 미국 국립생물정보센터(www.ncbi.nlm.nih.gov)

스마트팜 구현하기

식물학자들은 기후 변화로 인한 식량 문제를, 생산량 증대와 품종 개발 등의 농업혁명으로 풀어 냈습니다. 최근에는 식용 식물의 생장에 영향을 주는 다양한 스트레스를 연구한 내용이 학술지에 자주 등장하고 있지요. 이와 관련해, 사물 인터넷IoT

기술을 기반으로 식물의 대량 생산을 실현하는 '스마트팜'에 관해 알아보는 활동을 추천합니다. 미래 사회 농업에 관해 생각해 보고 물 주기, 온도 조절하기 등 스마트팜을 운영하는 데 필요한 요소들을 고안한 뒤 scratch, mblock, entry 등의 코딩 사이트를 활용해 원격 제어 장치를 직접 구현하는 활동을 수행할 수 있습니다.

여건이 된다면 동아리 활동이나 학급 프로젝트 활동 등으로 아두이노 코딩, 토양 습도/온습도 센서, 조도 센서 등을 활용한 '아두이노 DIY 스마트팜 키트'를 구입하여 직접 구현해 보는 것도 좋습니다. 실험 과정에서 오류를 확인하고 이를 개선해서 다시 도전하거나 자신만의 아이디어를 적용한다면 훨씬 더 의미 있는 활동이 될 수 있습니다.

탐구 활동

| **심화 주제 탐구** | 책에서는 허셉틴, 세레자임, 엘리라이소 등 다양한 바이오의약품의 원리와 제조 과정을 소개합니다. 제조 과정의 어려움과 장단점을 실제 실험실을 엿보는 것처럼 상세하게 확인할 수 있어요. 그 과정에서 바이오리액터, 유전자 가위, 조직 배양, CHO 세포, 단백질 번역 후 수식 과정, 항체의 존 세포매개 세포독성[ADCC] 등 낯선 생명과학 개념이 등장합니다. 「생명과학 I」의 '인체의 방어 작용' 단원 또는 「생명과학 II」

의 '생명 공학 기술과 인간 생활' 단원에서 학습한 개념과 연계하여 이를 심화 탐구 활동으로 확장해볼 것을 추천합니다. 바이오의약품의 개발 단계를 나누어 조사하면서 각 단계에서의 어려움을 알아보고 바이오의약품의 장단점에 관한 탐구 보고서를 작성해 보세요. 여러 신약 및 바이오 기술 중 몇 가지를 꼽아 깊이 탐구하여 신약 중에서도 관심 분야를 좁혀 나가는 과정을 드러내고 싶다면, 후속 활동으로《신약개발 전쟁》책을 읽고 탐구할 것을 적극 추천합니다.

| **진로 연계 탐구** | 바이오의약품 관련 직업은 약물감시, 인허가, 의약품 가격관리 등 세부적인 업무에 따라 나뉠 수 있습니다. 상황에 따라 데이터를 다루는 능력이 필요하기도 하고요. 책을 읽으며 좁게는 바이오의약품 연구원, 넓게는 과학자로서 필요한 역량과 세부 직업을 고민해 보고 이를 갖추기 위해 내가 할 수 있는 노력과 활동을 구체적으로 계획한 진로 로드맵을 작성해 보세요. 또한 과학자라는 업무 특성상 겪을 수 있는 어려움을 정리해 보고, 이를 어떤 마음가짐과 방법으로 헤쳐 나갈 것인지 자신의 가치관을 드러내어 발표해 봅시다. 과세특뿐만 아니라 창체의 진로활동 특기사항을 위한 활동으로도 좋습니다.

관련학과

생명과학과, 생명공학과, 약학과, 화학과, 화학공학과, 식량자원학과, 식물자원학과, 식품공학과, 원예학과

같이 읽으면 좋은 책

《신약개발 전쟁》(이성규 | 플루토 | 2022)

《바이오의약품 시대가 온다》(김시언 외 | 청년의사 | 2023)

《암 치료의 혁신, 면역항암제가 온다》(찰스 그레이버 | 김영사 | 2019)

《스크래치로 배우는 스마트팜》(이진영 | 스토리디자이너 | 2022)

BOOK 19

《특종! 생명과학 뉴스》

이고은 | 북트리거 | 2022

최신 연구와 이슈로 풀어내는
생명과학의 20가지 핫 키워드

"선생님, 생명과학을 왜 배워야 하나요?"

중학교 과학과 고등학교 1학년 「통합과학」 교과에서 생명과학을 즐겁게 배웠던 경험으로 「생명과학Ⅰ」을 선택한 학생들은, 대학수학능력시험을 위한 입시 과목으로서 생명과학을 접하며 마치 수학 문제를 푸는 듯한 계산 문항들에 질려서 흥미를 점차 잃어 갑니다. 문제를 열심히 풀면서도 생명과학을 왜 배워야 하나 답답한 심정을 호소하는 아이들을 볼 때면, 교사로서 참 안타깝습니다. 생명과학이라는 학문은 실제 우리 삶과도 매우 밀접하고 유용한데, 평가를 위한 고난도 문항들과 씨름하는 학생들 입장에서는 '나'와는 거리가 먼 학문이라고 오해하게 되니 말이죠. 수업 시간을 할애하여 생명과학이 우리가 직면한 문제를 해결할 수 있는 하나의 열쇠가 될 수 있음을 보여주고 싶지만, 고등학교 수업 과정에서 이러한 이슈와 사례를 다루기에는 시간적으로 한계가 있는 것이 사실입니다.

선생님과 같은 마음으로 현직 중·고등학교 생물 교사인 저자가 연구 끝에 발간하게 된 책이 바로 이 책이 아닐까 싶습니다. 이 책은 생명과학의 주요 20가지 키워드를 골라 최신 연구 결과와 이슈를 결합해 흥미롭게 풀어냈습니다. 목차부터 시선을 끕니다. '내 몸에서 출발하는 알쏭달쏭 생명과학 지식', '공존과 공생 사이 아슬아슬 생명과학 기술', '우리 사회에 던지는 뜨끈뜨끈 생명과학 질문', '생명과학이 전하는 아찔아찔 지구의 미래'. 이렇게 총 4부로 구성되어 있습니다.

각 파트에서는 코로나19 백신부터 비혼 출산, 장기 이식, 냉동 인간, 품종개량, 유전자 가위, 유전자 족보, 생명복제, 생체인증, 대체 고기와 채식, 종자 은행 등, 듣기만 해도 호기심을 자아내는 최신 이슈들을 흥미로운 자료와 함께 소개합니다. 주제별로 내용도 길지 않아 부담 없이 읽을 수 있고, 특히 새로운 주제로 들어갈 때마다 동기를 유발하는 코너가 첫 장에 마련되어 있어서 어느 순간 깊이 빠져들게끔 만듭니다. 주제가 시사하는 바에 관해 스스로 생각할 시간을 마련해 주는 배려도 잊지 않습니다. 한 부가 끝나면 용어 정리 코너가 있어 생명과학 개념을 간략히 배울 수도 있습니다. 무엇보다 이 책이 다루는 20가지 주제들은 고등학교 교과와 밀접하게 연계되어 있어서 교과 단원의 후속 활동으로 활용하기 적절합니다. 단원별 최신 이슈를 탐구하고 싶을 때 이 책을 비장의 카드로 활용하여 큰 흐름을 잡고 추가 탐구를 통해 깊이를 더할 수 있겠지요.

이 책의 또 한 가지 장점은 이슈들을 소개할 때 과학 기술에 대한 설명과 더불어 그 기술이 사회적, 윤리적으로 논란이 되는 이유도 함께 짚어 준다는 것입니다. 아무리 뛰어난 과학 기술이라도 연구 윤리를 위배하거나 생명의 존엄성을 훼손한다면 어떨까요?

예를 들어 열 번째 주제인 '유전자 가위, 생명을 마구 재단하다' 부분에서는 유전자 가위가 식품, 의학, 축산 등에 활용된 사례와 함께 맞춤형 아기 논란 문제를 제시합니다. 이로써 유전자 가위 기술의 이점 이면에는 유전자 편집의 잠재적인 위험성 및 윤리적 논란을 있음을 알게 됩니다. 또한 두 번째 주제인 '실험대에 놓인 연구 윤리, 임상시험' 부분에서는 허락받지 않은 임상시험으로 의학 기술의 발전을 꾀한 사람들에 관한 이야기를,

20번째 주제인 '지금, 모두를 위한 탄소 중립' 부분에서는 해양 산성화로 인한 피해와 탄소 중립 실천의 필요성을 전하며 어떤 가치가 우선되어야 하는가에 관해 고민하게 만들죠.

책의 주제 중 마음에 드는 이슈를 토의 및 토론 주제로 선정해 보세요. 후속 활동으로 친구들과 협업하여 자료를 조사하고 지식을 나눔으로써 연구 윤리와 생명윤리에 관해서도 고민해 본다면 좋겠습니다.

생기부 후속 활동으로 확장하기

생명과학 주요 키워드로 토론하기

책에서 제시한 20가지 키워드 중 현재 배우고 있는 교과에 등장하는 주제로 토론을 해봅시다. 예를 들어 「생명과학 I」의 '사람의 유전병' 단원을 학습하면서 유전병을 치료하는 방법에 관심이 생겼다면, 책의 열 번째 주제인 '유전자 가위, 생명을 마구 재단하다'를 읽은 후 유전자 편집 기술에 관한 찬반 토론을 수행할 수 있습니다. 유전자 가위 기술이 정확히 무엇인지 알아보기 위해《DNA 혁명, 크리스퍼 유전자 가위》등의 책을 추가로 읽으며 기술에 대한 자기 생각을 정리해 봅니다. 이후 찬반 의견을 뒷받침할 다양한 자료를 수집하여 토론을 진행해 보세요. 활동 후에는 토론 내용을 요약하여 동급생이나 전교생을 대상으로 공유하고, 토론에 참여하지 않은 학생들의 의견을 듣는 활동도 유익할 것입니다. 찬성팀과 반대팀 중 어느 쪽의 의견이 더 설득력 있는지 투표를 통해 선정하는 과정까지 진행한다면 한층 활기찬 토론 활동이 될 수 있습니다.

연구 윤리에 관한 글쓰기

책의 두 번째 주제인 '실험대에 놓인 연구 윤리, 임상시험'에서는 연구 윤리에 관해 생각할 거리를 던져 줍니다. 이 부분을 읽고 '연구 윤리'와 이를 위배한 사례를 조사하며 연구자로서 지녀야 할 자세는 무엇이라고 생각하는지 자기 생각을 논술하는 글쓰기 활동을 추천합니다.

연구 윤리는 연구 대상자에게 지켜야 할 윤리, 연구 과정이나 내용을 조작하지 않을 윤리, 연구 결과가 사회적인 문제를 일으킬 가능성을 고려하면서 연구할 윤리 등을 모두 포함합니다. 미래 연구자로서 갖추어야 할 소양에 관해 고찰함으로써 과학이라는 학문을 대하는 올바른 태도를 갖추고 있음을 보여주는 활동으로 추천합니다.

카드 뉴스 및 책 제작 활동

책에서 다룬 이슈들을 카드 뉴스로 재구성하고, 학급 활동이나 교과 주제 발표 활동 시간을 이용하여 이를 게시하고 알리는 활동을 해봅시다. 나아가 책에서 다루지 않은 이슈나 자신의 관심 분야가 있다면, 저자가 책을 저술한 흐름을 참고하여 책 만들기에 도전해 보세요. 주제, 목차, 본문, 집필 의도, 참고문헌, 활동을 통해 배우고 느낀 점 등을 모두 정리했다면 미리캔버스나 캔바 같은 무료 그래픽 디자인 플랫폼을 활용하여 카드 뉴스나 책 표지를 제작해 봅시다. 개별 활동이나 모둠 활동 모두에 활용할 수 있습니다.

| 참고 사이트 |

❖ 미리캔버스(www.miricanvas.com/ko)
❖ 캔바(www.canva.com/ko_kr)

관련학과
생명과학과, 생명공학과, 의예과, 약학과, 화학과, 화학공학과, 환경공학과

같이 읽으면 좋은 책
《DNA 혁명 크리스퍼 유전자 가위》(전방욱 | 이상북스 | 2017)
《왜 종자가 문제일까?》(김재현 | 반니 | 2020)
《식량위기 대한민국》(남재작 | 웨일북 | 2022)
《나쁜 과학자들》(비키 오랜스키 위튼스타인 | 다른 | 2014)

BOOK **20**

《10퍼센트 인간》

앨러나 콜렌 | 시공사 | 2016

현대 질병의 열쇠를 쥐고 있는
'90퍼센트 인간', 미생물!

미생물이란 매우 작아 눈으로 볼 수 없는 생물을 일컫습니다. 인류는 현미경의 발명으로 우리보다 먼저 지구를 점령하고 살아가고 있던 미생물을 관찰할 수 있게 되었습니다. 이후 인간에게 해로운 미생물을 없애기 위한 의약품 개발, 이로운 미생물을 활용하기 위한 연구가 계속되며 미생물학이 급속히 발달했지요.

최근에는 인체에 서식하는 각종 미생물과 그 생태계를 의미하는 '마이크로바이옴Microbiome'에 관한 연구가 급부상하고 있습니다. 생명과학 수업 시간에 병원체인 세균, 원생생물, 곰팡이에 관해 배우고, 젖산균과 효모의 발효 과정을 탐구하지요. 이렇게 독립적으로 살아가는 미생물은 학생들에게도 친숙하지만, 정작 인체에 서식하는 마이크로바이옴에 대해서는 교육과정에서 접할 기회가 적습니다. 그러다 보니 뉴스에서 화제성 있게 다루더라도 낯설게 느껴지는 경우가 많을 것입니다.

이 책은 우리 몸의 90퍼센트를 차지하는 '마이크로바이옴'에 관한 다양한 정보를 제공하는 책입니다. 1940년대만 해도 보기 드문 질환이었던 과민성대장증후군, 비만, 아토피, 천식, 자폐증, 알레르기성 비염 등과 같은 21세기형 질병이 왜 기승을 부리게 되었을까요? 그 근본적인 원인은 바로 항생제 사용 등으로 몸속 미생물의 불균형이 초래되었기 때문임을 이 책은 역설합니다. 즉, 몸속 미생물의 불균형이 우리의 신진대사와 면역체계, 나아가 정신건강에 어떤 혼란을 야기할 수 있는지를 말하고 있지요.

예를 들어 박테리아를 식별하는 바코드로 쓰이는 16S rRNA 유전자의 DNA 염기서열을 비교하여, 비만 쥐와 마른 쥐의 미생물총을 비교한 실험 내용을 봅시다. 비만의 원인은 에너지 섭취량과 에너지 소비량 사이의 불균형 때문만이 아니라, 장내미생물에 의해서도 유발될 수 있음을 저자는 설명합니다. 이렇게 장내미생물의 중요성을 증명하는 다양한 연구와 실험 내용을 전문적이면서도 설득력 있게 풀어 나가는 것이 이 책의 매력이지요.

마이크로바이옴이 건강에 미치는 영향이 크다고 알려지면서 최근 의료계는 물론 식품, 화장품, 건강기능식품 등 다양한 분야에서 마이크로바이옴을 주목하고 있습니다. 또한 장내미생물을 기반으로 건강 상태를 살피고 맞춤 건강관리 방법을 제안하는 상품 개발도 한창입니다. 그 예로 아이의 장내 환경을 분석하고 맞춤형 유산균을 추천하는 영유아 장내미생물 검사 키트가 판매되는 것을 보면 그 중요성이 대중적으로도 인정받고 있음을 체감할 수 있습니다.

이 책은 지난 전국연합학력평가 국어 비문학 지문으로 일부 내용이 소개된 적이 있습니다. 책을 읽고 난 뒤 먼저 우리 몸에 서식하는 마이크로바이옴의 특성을 조사하는 것부터 시작해 보기를 권합니다. 이후 책에서 제시한 주제별 심화 탐구를 진행해 보세요. 책에서 주제에 관한 근거로 활용한 연구 논문을 분석해 보아도 좋고, 그 실험을 참고하여 미생물 관련 실험을 직접 설계하고 수행하는 것도 물론 좋습니다. 수많은 분야에서 미생물을 활용하기에 진로와 연계하여 활동을 다채롭게 구상해 볼 수 있을 것입니다. 자신의 진로와 미생물이 어떤 연관성이 있을지에 집중하며 책을 읽어 나가는 것도 좋은 방법입니다.

다양한 미생물에 대한 호기심이 생겼다면, 학생들이 할 수 있는 활동은 무궁무진합니다. 「생명과학Ⅰ」의 '인체의 방어 작용'이나 「생명과학Ⅱ」의 '세포의 구조와 기능', '생명공학 기술'에 등장하는 미생물의 종류와 그 특성을 탐구할 수도 있고, 미생물 관련 의약품이나 최신 기술을 조사하여 찾아볼 수도 있습니다. 미생물을 배지에 직접 배양하며 항생제의 효과나 배양 조건 등을 직접 탐구하는 것도 가능하지요. 단, 미생물을 다루는 실험은 동물, 식물을 대상으로 하는 실험보다 분자적인 수준에서 이루어지므로 사전에 실험 기구의 사용법 등을 철저하게 익히고 임하기를 바랍니다. 미생물 실험을 수행할 수 있는 여건이 아니라면 원핵세포와 진핵세포의 특성을 유전물질의 형태나 리보솜의 구성 RNA 등 분자적인 수준에서 탐구하는 활동을 통해 세균의 특성을 이해해 보는 것도 좋습니다.

생기부 후속 활동으로 확장하기

심화 주제 탐구 활동

❖ 자신의 진로 희망 분야에서 미생물을 활용한 사례를 조사하며 미생물의 유용성을 깨달을 수 있는 활동을 해봅시다.

❖ 교과서에 등장하는 다양한 미생물의 구조와 특성을 탐구하고, 이를 활용한 의약품이나 공학 기술을 조사하는 활동을 해봅시다.

❖ 책에서 다룬 마이크로바이옴 관련 주제 중 가장 인상 깊었던 주제를 선정하고, 이 내용을 논문이나 기사 분석 등으로 심화 탐구하여 발표하는 활동을 해봅시다.

❖ 원핵세포와 진핵세포의 특성을 분자적 수준에서 탐구해 보는 활동을 추천합니다. 또한 원생생물, 균류, 동물, 식물을 구성하는 세포가 모두 진핵세포이지만 어떤 차이가 있는지 함께 탐구해 보는 것도 좋습니다.

미생물 실험 활동

❖ 미생물 실험에 활용되는 세균 배지를 직접 제작하고 세균을 배양해 보는 기본적인 실험부터 수행해 보세요. 이를 통해 세균 배양에 필요한 환경 조건, 배지 제작법, 멸균 방법, 도말 방법, 클린벤치(무균작업 실험대) 사용 방법 등을 익혀 둔다면 추후 미생물 실험 활동이 한층 수월해질 것입니다. 학교에서 클린벤치나 멸균 고압기 사용이 불가능할 경우에도 대체할 수 있는 다양한 방법들이 있으니 꼭 실험해 보기를 바랍니다.

예) LB 배지를 제작하여 손, 식수대, 가방, 핸드폰 등에 서식하는 생활 속 미생물을 배양하는 실험, MRS 배지를 제작하여 요구르트의 유산균을 배양하는 실험, 세균 배지 위에 항생제를 처리하여 항생제의 효과를 알아보는 실험, 디스크 확산법을 이용하여 천연 항생 물질에 대한 세균의 감수성을 검증하는 실험 등

❖ 미생물의 생장 조건 및 미생물의 대표적인 물질대사인 발효에 관한 실험을 진행하는 것도 좋습니다. 나아가 다양한 미생물을 어떤 기준으로 분류하는지 탐색해 보고 관련 실험을 진행해볼 것을 추천합니다.

예) 온도에 따른 젖산균의 생장을 알아보는 실험, 초산균을 이용한 아세트산 발효 실험, 효모를 이용한 알코올 발효 실험, 과일 껍질을 이용한 바이오 에탄올 생성 및 분리 실험, 그람 염색 실험 및 세균의 분류 방법 탐구 등

과제 연구 및 보고서 작성 활동

❖ 기본적인 미생물 실험 역량을 갖추었다면, 나만의 실험 주제를 정하여 탐구하고 연구 보고서를 작성해 보세요. 주제를 선정하기가 어렵다면, 전국과학전람회 사이트에서 수상작들의 주제를 살펴보면서 아이디어를 얻을 수 있습니

다. 수상작들이 어떤 과정으로 탐구를 진행했는가를 참고하여 활동을 진행한다면 양질의 결과물을 얻을 수 있을 것입니다. 실험을 설계할 때는 「생명과학 I 」에서 학습한 연역적 탐구 방법을 떠올리며 과학적으로 검증 가능한 가설을 설정하고 대조 실험과 변인 통제가 이루어지도록 설계하는 것을 잊지 마세요.

| 참고 사이트 |

❖ 국립중앙과학관 전국과학전람회 안내 페이지

✿ 관련학과

미생물학과, 생명과학과, 생명공학과, 의예과, 약학과, 화학과, 화학공학과, 환경공학과

▣ 같이 읽으면 좋은 책

《내 속엔 미생물이 너무도 많아》(에드 용 | 어크로스 | 2017)

《매우 작은 세계에서 발견한 뜻밖의 생물학》(이준호 | 21세기북스 | 2023)

《미생물에 관한 거의 모든 것》(존 L. 잉그럼 | 이케이북 | 2018)

《장내세균 혁명》(데이비드 펄머터 | 지식너머 | 2016)

《내 몸을 살리는 마이크로바이옴》(남연우 | 모아북스 | 2018)

《식탁 위의 미생물》(캐서린 하먼 커리지 | 현대지성 | 2020)

BOOK 21

《멸종 위기 동식물 무엇이 문제일까?》

이억주 | 동아엠앤비 | 2021

지구 위 동식물 '소멸의 역사'를 막으려면

아마존강에 서식하는 멸종위기종 분홍돌고래가 집단 폐사했다는 뉴스 기사를 본 적 있나요? 개체 수가 급감하는 꿀벌의 생태계 회복에 앞장서기 위해 어느 ESG 기업이 캠페인을 실시하고 있다는 소식은요?

이 두 가지 사례는 기후 변화로 인해 생물들이 멸종 위기에 처했음을 단편적으로 보여줍니다. 국제적으로 기후 변화의 위험을 다루는 최고 협의 기관인 IPCC는 전 지구에 온난화가 일어나고 있으며 가장 큰 원인은 온실 효과라고 주장합니다. 이런 온실 효과는 인간의 활동이 늘어나면서 점점 가속화되고 있고요. 지구온난화로 해수면이 상승하고 전 세계적으로 물과 식량이 부족해지면 인간 말고 다른 생물들은 어떻게 될지 생각해본 적 있나요?

환경에 적응하지 못하는 여러 생물 종은 멸종을 맞이하게 되겠지요. 생물 종 수가 감소하면 생물 다양성이 위기에 처하고 생태계 평형은 깨지게 될 것입니다. 조금만 생각해 보면 모두가 예상할 수 있는 사실입니다. 그런데도 지금 당장 위협적이지 않다는 생각에 생태계의 아픔을 외면한 채 우리는 살아가고 있지요. 결국 그 피해는 인간이 고스란히 되돌려받게 될 텐데 말이에요.

이 책은 인간 때문에 지구에서 자취를 감춰 가고 있는 동식물들의 현황을 소개합니다. 멸종 위기 야생생물의 정의와 범위 및 지정 관리의 필요성을 설명하고, 우리나라와 세계의 멸종 위기 야생생물 현황을 사진 자료와 함께 상세하게 소개하고 있습니다. 책의 후반부에서는 개발과 환경 보존의 양면성을 들춰 보여줍니다. 외래종이 토종 생물에 미치는 영향, 남획, 도시화, 경작지 확장, 밀렵 등 인간의 활동으로 멸종 위기에 처한 생물 종들의 현실을 낱낱이 보여주면서 인류의 지난 역사를 반성하도록 합니다. 이런 환경에서 살아남기 위한 동물과 식물의 다양한 생존 전략도 확인할 수 있고요. 마지막 장에서는 멸종 위기 야생생물의 보호와 관리를 위해 국가적, 국제적 차원에서 어떤 노력을 하고 있는지 살펴볼 수 있습니다. 이를 통해 세계자연보전연맹IUCN, 세계자연기금WWF, 야생생물관리협회KoWAPS 등 국제기구 및 비정부 기구의 종류와 역할도 배울 수 있습니다.

실제로 멸종 위기에 처한 생물들의 생김새를 책 속의 세밀한 삽화와 사진 자료로 마주할 때면 기분이 묘해집니다. 이제 조만간 세상에서 완전히 사라질 수도 있다는 생각이 들기 때문이지요. 이처럼 다양한 방법으로 생태계 파괴의 심각성을 느끼게 하고, 지금 이들을 보호하기 위해 어떤 것을 실천할 수 있을지 고민하도록 자극하는 책이기에 학생들도 읽어 보았으면 합니다.

「통합과학」에 이어 「생명과학 I」 교과의 5단원 '생태계와 상호 작용'에서는 생물 다양성의 의미와 감소 원인 및 해결 방안에 관해 설명합니다. 교육과정에서도 강조하는 부분인 만큼 이 문제를 가볍게 넘기지 말고 독후 활동으로 확장하여, 세계 시민으로서 깊이 고민하는 모습을 드러내 보기를 추천합니다. 자신이 희망하는 과학 분야에서 야생생물의 멸종 위기나 기후 변화 문제 해결을 어떻게 도울 수 있을지 고민하며 책을 읽어 나가는 것도 좋고요.

이 책과 연계하여 기업과 국가 및 국제적 차원에서 생물 다양성을 유지하기 위해 어떤 노력을 하고 있는지 탐구하는 활동을 수행할 수 있습니다. 또한 자신이 사는 지역 생태계의 생물다양성은 어떠한지 파악하거나 '우리 학교 생물 도감'을 제작하며 주변 생태계를 이해하는 활동도 수행할 수 있습니다. 이를 토대로 학교 환경 개선 프로젝트, 멸종위기종 소개 책자 제작, 자원 순환 캠페인 등 친환경 의식을 고취하는 다양한 아이디어를 활용해 봅시다. 만약 환경공학이나 건축 계열 진학을 희망한다면, 생태계와 지구를 살리는 생태 도시를 설계하는 활동도 추천합니다. 생태계 보전에 관심이 많으며 기후 변화의 심각성에 대해 문제의식을 갖추었음을 드러낼 수 있을 것입니다.

생기부 후속 활동으로 확장하기

프로젝트 활동

「생명과학 I」에서 배우는 '방형구법'으로 우리 학교 또는 주변의 식물 군집을 조사하는 활동을 수행할 수 있습니다. 방형구법으로 얻은 자료를 바탕으로 식물 종의 상대 밀도, 상대 빈도, 상대 피도를 계산하고 중요치를 구하여 우점종을 파악해 보세요. 또한 조사한 종들의 특성을 탐구하여 '우리 학교 생물 도감'을 제작하여 배포해 봅시다. 주변 생물에 호기심을 갖게 되고, 생물 다양성을 유지하는 일의 중요성을 더 명확히 인식하게 될 것입니다. 학교에서 관찰할 수 있는 곤충이나 조류, 포유류 등 동물들을 파악하여 먹이 그물을 제작하는 활동도 추천합니다. 조사한 지역의 종 다양성을 확인할 수 있으며, 이를 개선하기 위한 환경 개선 프로젝트를 추가로 수행할 수 있습니다. 위의 활동들은 혼자서 수행하려면 많은 시간이 소요되므로 모둠 혹은 동아리 프로젝트 활동으로 추천합니다.

예) 식물 수분을 돕는 꿀벌 개체 수가 적다는 문제점을 파악하고 학교 텃밭에 야생화를 심어 그 효과를 관찰하는 프로젝트 진행, 우리 학교의 종 다양성이 계절별로 어떻게 다른지 확인하고 시기별 생물 도감을 제작한 후 팻말을 부착하는 프로젝트 진행, 특정 식물의 최적 생장 조건을 확인하기 위한 토양 연구 실험 진행

생태 도시 설계 프로젝트

생태도시Ecological Polis란 사람과 자연환경 및 문화가 조화를 이루는 환경친화적인 도시로, 특성에 따라 생물 다양성 생태도시, 자연 순환성 생태도시, 지속 가능성 생태도시로 구분할 수 있습니다. 우리나라와 세계의 생태도시 특성을 조사하고, 직접 생태도시를 설계하고 기획하는 프로젝트를 진행해볼 것을 추

천합니다.

예) 태양열을 이용한 독일의 프라이부르크, 친환경 교통 체계를 도입한 브라질의 쿠리치바, 생태하천이 잘 갖춰진 스위스 취리히 등의 장단점을 분석하고 나만의 생태도시 설계하기

책자와 기사문 작성 및 캠페인 활동

멸종 위기 야생생물을 조사하여 이를 소개하는 책자를 만드는 활동, 혹은 생물 다양성 감소 사례를 조사하고 그 원인과 해결 방안을 분석하여 기사문으로 재구성하는 활동을 수행할 수 있습니다. 개인적인 실천 방안과 더불어 ESG 경영의 일환으로 시행되는 기업의 다양한 프로젝트를 탐구해도 좋고, 국가적, 국제적 차원에서는 어떤 노력을 기울이고 있는지 사례를 조사해도 좋습니다. 완성한 기사문을 활용하여 캠페인을 진행하고 설문 조사를 통해 생물 다양성의 중요성에 대한 인식 변화를 확인하는 활동도 추천합니다. 국립생태원 사이트에 접속하면 다양한 정보를 얻을 수 있습니다.

예) 모 금융 기업의 꿀벌 생태계 회복에 앞장서기 위한 K-bee 프로젝트 탐구(밀원숲 조성, 밀원식물 키트 배포, 도시 양봉 등), 모 기업이 멸종위기종복원센터와 협업하여 진행한 하늘다람쥐 보

호 활동(태화강 지역 상류 환경 보전 활동, 시민과학자 양성 프로그램 지원, 태화강 멸종위기종을 알리는 책 제작 및 배포 등), 세계자연보전연맹, 세계자연기금, 야생생물관리협회의 활동 탐구

| 참고 사이트 |

❖ 국립생태원(www.nie.re.kr)

주제 탐구 활동

❖ 의약품, 유전자원, 의류 등 생물로부터 얻을 수 있는 생물 자원의 종류와 그 가치를 탐색하는 활동을 해보세요.

❖ 자연에서 볼 수 있는 디자인적 요소들이나 생물체 특성을 모방하여 디자인이나 과학 기술에 적용하는 사례가 많습니다. 다양한 생체 모방 기술을 탐색해 보세요.

❖ 동물의 행동과 식물의 구조 등에 담겨 있는 수학의 원리를 탐구하는 활동도 추천합니다.

❖ 친환경 아이템을 설계하고 그 효과를 검증하는 활동을 수행할 수 있습니다. 생물 다양성이 유지되는 것은 건강한 생태계를 위해서도 필요하지만, 자연을 통해 지혜를 얻을 기회도 제공하기에 인류의 더 나은 삶을 위해서도 필요하다는 것을 인식하기를 바랍니다.

예) 지구온난화의 가속화를 막기 위한 인공 광합성 기술을 탐구하고 TLC 크로마토그래피를 이용한 실제 광합성 색소 분리 실험 수행, 홍합 단백질을 이용한 의료용 생체 접착제 탐구, 햇빛을 나누는 식물의 잎 나기 방법 탐구, 친환경 제초제 만들기

🦠 **관련학과**

생명과학과, 생명공학과, 약학과, 화학과, 화학공학과, 환경공학과, 지구환경과학부, 건축학과

📖 **같이 읽으면 좋은 책**

《생명이 있는 것은 다 아름답다》(최재천 | 효형출판 | 2022)

《생태 수학》(한상직 | 교육공동체벗 | 2019)

《외래 동식물 무엇이 문제일까?》(이억주 | 동아엠앤비 | 2021)

《두 번째 지구는 없다》(타일러 라쉬 | 알에이치코리아(RHK) | 2020)

《침묵의 봄》(레이첼 카슨 | 에코리브르 | 2011)

《생체 모방 기술》(김인선 | 계명대학교출판부 | 2017)

BOOK 22

《내 몸의 설계자, 호르몬 이야기》

박승준 | 청아출판사 | 2022

우리를 웃고 울고, 일하고 사랑하게 만드는 호르몬의 힘에 대하여

당뇨병 환자에게 주기적으로 인슐린을 주사하고, 키가 작은 아이들에게 성장호르몬 검사를 하는 모습은 낯선 광경이 아닙니다. 그만큼 호르몬은 일상생활에서 우리에게 이미 친숙한 화학물질입니다. 호르몬은 내분비샘에서 생성 및 분비되어 특정 조직이나 기관의 기능을 조절하는 화학물질로, 그 양이 조금만 부족하거나 조금만 많아지더라도 결핍증과 과다증 등 심각한 질병을 유발할 수 있습니다. 그렇기에 의학 분야에서도 활발히 연구 중이며, 호르몬의 특성에 착안하여 제조한 의약품도 늘어나고 있습니다.

「생명과학Ⅰ」의 '항상성과 몸의 조절' 단원에서 호르몬에 관해 배우는데, 이 단원을 공부할 때는 우리 몸의 주요 내분비샘과 호르몬의 종류 및 역할을 먼저 외워야 신경과 호르몬에 의한 체온 조절, 혈당량 조절, 삼투압 조절 과정을 학습할 수 있습니다. 이 과정에서 생명과학은 딱딱한 암기 과목이라며 그 과정을 지루해하는 학생들도 종종 볼 수 있습니다. 혹 생명과학에 대한 편견을 버리고 친숙해지고 싶다면, 지금 소개하는《내 몸의 설계자, 호르몬 이야기》책을 읽으면서 호르몬의 다양한 기능과 그 중요성을 깨닫는 계기로 삼았으면 좋겠습니다. 적은 양으로도 인체의 생리 작용을 조절하는 호르몬의 놀라움을 깨닫고 생명 현상에 영향을 미치는 다양한 화학물질의 매력에 빠져들게 될 것입니다.

이 책은 식욕과 성욕, 수면 패턴, 신진대사, 감정 변화, 성장과 노화, 모성과 부성, 면역력과 혈당 조절 등 우리의 육체적, 정신적, 정서적 건강 전반이 호르몬의 작용에 달려 있다고 말합니다. 또한 나쁜 생활 습관과 환경 오염, 스트레스가 호르몬 균형에 균열을 가져오면 각종 질병으로 이어질 수 있다고 설명하지요. 책을 읽으면서 호르몬과 내분비계의 역할을 제대로 이해하고, 건강한 삶을 위해 호르몬 균형을 유지하는 방법을 터득할 수 있습니다.

깊이 있는 내용이지만 쉽게 풀어 썼기에 부담 없이 책장을 넘길 수 있습니다. 사진 자료와 그림을 적절히 활용하여 눈이 심심하지 않게 도와주고요. 또한 다양한 논문과 실험적 데이터를 활용하여 호르몬의 역할을 논리적으로 설명하는데, 소개된 연구 중 관심 있는 것을 선정하여 이를 분석하는 심화 탐구 활동으로 확장하는 것도 좋습니다.

이 책은 총 11가지 이야기로 구성되어 있는데, 관심 있는 주제부터 먼저 골라 읽어 봐도 좋습니다. 책을 통해 식욕 조절과 관련된 렙틴 호르몬, 행복 호르몬, 스트레스 호르몬, 칼슘 항상성을 유지하는 호르몬, 비만을 일으키는 오비소겐 등 교과서에서는 학습할 수 없는 다양한 호르몬 및 화학물질의 종류와 이것이 인체에 미치는 영향을 알아 나갈 수 있습니다. 마지막에는 호르몬 균형을 위한 올바른 생활 습관도 제시하고 있습니다.

책을 읽고 난 후에는 호르몬에 의해 조절되는 생명 현상의 예를 조사해 보거나 호르몬이 인간의 무의식적인 행동 및 감정의 변화에 어떤 영향을 미치는지 등을 탐구해볼 수 있습니다. 호르몬이 정상 수치인지는 혈액 검사를 통해 확인할 수 있는데, 혈액의 성분이나 혈액 검사 방법 등을 탐구하여 임상병리 분야와 연계할 수도 있습니다. 호르몬 분비 이상에 따른 질환을 조사해볼 수도 있겠지요. 또한 시판되는 호르몬 의약품의 효능 및 부작용에 대해, 배운 개념을 활용하여 분석해 보는 것도 좋은 탐구 주제입니다. 신경에서 분비되는 신경전달물질도 호르몬과 마찬가지로 우리 몸의 항상성 조절에 관여하므로, 두 물질을 비교해 보는 탐구 활동도 추천합니다.

생기부 후속 활동으로 확장하기

혈액 검사 탐구 활동

호르몬 수치를 확인하는 혈액 검사가 어떤 방식으로 진행되는지 조사하고, 혈액 검사를 통해 알 수 있는 정보들을 정리하며 임상병리사의 역할을 생각해볼 수 있습니다. 또한 혈액에서 적혈구 용적률을 계산하여 빈혈 여부를 확인할 수 있는 헤마토크릿 실험을 수행하거나, 현미경과 혈구계수기를 이용해 적혈구 수를 측정하는 실험을 수행할 수 있습니다. 혹은 항원-항체 반응의 원리를 이용한 혈액형 판정 실험을 수행하며 임상병리사 업무의 일부분을 체험하는 활동도 좋습니다.

실험 활동

호르몬과 신경전달물질의 특성을 비교하는 활동을 수행한 후, 아드레날린과 아세틸콜린 처리에 따른 물벼룩의 심장 박동 수 변화 관찰 실험을 수행하며 화학물질이 생명 활동에 미치는 영향을 눈으로 직접 확인해 봅니다.

호르몬 심화 탐구 활동

렙틴 호르몬, 행복 호르몬, 스트레스 호르몬, 칼슘 항상성을 유지하는 호르몬 등 교과서에 소개되어 있지는 않지만 책을 통해 새롭게 알게 된 다양한 호르몬의 특성에 관한 탐구 활동을 수행할 수 있습니다.

예) 스트레스가 우리 몸에 미치는 영향 및 스트레스 호르몬인 코르티솔 탐구, 비만과 렙틴, 그렐린, 인슐린, 세로토닌 호르몬 의 연관성 탐구

호르몬 분비 이상에 따른 질환 조사하기

당뇨병, 거인증, 소인증, 갑상선 기능 항진증, 갑상선 기능 저하증, 쿠싱병, 고프로락틴혈증 등 호르몬 분비 이상으로 나타나는 다양한 질환의 원인, 증상, 진단 방법 및 치료법을 조사하여 발표하는 활동을 수행해 봅니다.

✿ 관련학과

생명과학과, 생명공학과, 의학계열, 약학계열, 화학과, 화학공학과, 간호학과, 임상병리학과

📑 같이 읽으면 좋은 책

《크레이지 호르몬》(랜디 허터 엡스타인 | 동녘사이언스 | 2019)

《호르몬밸런스》(네고로 히데유키 | 스토리3.0 | 2016)

《하루 한 권, 호르몬의 작용》(노구치 데쓰노리 | 드루 | 2023)

BOOK 23

《게놈 익스프레스》

조진호 | 위즈덤하우스 | 2016

과거와 미래를 묶는 보이지 않는 끈, 유전자를 탐험해 보자

DNA는 유전정보를 저장하는 물질이며 DNA의 복사본인 mRNA를 통해 형질을 결정하는 단백질이 합성됩니다. 분자생물학에서는 이를 중심 원리Central dogma라고 부르죠. 즉, 생명 현상에서 가장 중심이 되는 원리라는 소리입니다.

그런데 과학사를 살펴보면 한때는 완전히 다른 패러다임이 지배적이었음을 알게 됩니다. 대부분의 과학자들은, 염색체를 구성하는 물질 중 DNA가 아닌 단백질을 유전물질이라고 굳게

믿었던 것이죠. 그렇다면 DNA가 유전정보를 담고 있는 분자라는 사실은 언제, 누가 밝혀냈을까요? DNA가 염색체에 존재하며 생식세포를 통해 부모가 이를 자손에게 물려준다는 사실도 말이에요. 또 세균부터 사람에 이르기까지 지구상의 거의 모든 생명체가 동일한 유전부호를 활용하는 유전 시스템을 갖고 있다는 것은 어떻게 밝혀졌을까요?

이런 근원적인 질문을 해결하기 위해서는 유전 연구의 역사를 알아야 합니다. 생물학자 오즈월드 에이버리Oswald Avery의 폐렴 쌍구균 형질 전환 실험 및 허시Alfred Hershey와 체이스Martha Chase의 박테리오파지 증식 실험을 통해 DNA가 유전물질임이 증명되고, 비들George Beadle과 테이텀Edward Tatum의 붉은 빵곰팡이 실험을 통해 유전자가 효소 합성에 관여한다는 사실이 밝혀졌으며 연구 끝에 마침내 유전자가 폴리펩타이드 합성에 관여한다는 사실이 밝혀졌습니다. 니런버그Marshall Nirenberg는 mRNA로부터 인공적으로 단백질을 합성하는 실험을 통해 유전부호를 해독했습니다. 이와 같은 흥미로운 유전학 연구들은 학생들이 고3이 되어서야 「생명과학Ⅱ」 교과에서 만나볼 수 있어 아쉬웠는데, 이를 해소할 수 있는 책이 바로 《게놈 익스프레스》입니다. 유전학 연구 전반의 지식을 충분히 쌓을 수 있을 뿐 아니라, 기초과학 분야 자체에 빠져들게끔 만드는 매력이 있는 책입니다.

이 책은 최근 100여 년 동안의 유전 연구 성과를 만화의 형태로 그려 냈습니다. 주인공은 완두를 이용해 유전 법칙을 밝혀 낸 멘델Gregor Mendel부터, DNA 구조를 발견한 왓슨과 크릭 등 역사 속 과학자들을 차례로 만나는 여정을 떠납니다. 주인공은 유전 현상과 유전물질에 관한 연구를 접하며 궁금증을 해결할 실마리를 찾고 인간의 속성에 관한 깨달음까지 얻습니다. 이렇듯 주인공의 발자취를 따라가다 보면 유전 연구의 역사와 더불어 생물의 창발성과 시스템적 성질을 생생하게 깨우칠 수 있습니다.

이 책이 특별한 이유는 과학자들의 유전 연구 업적을 시간 순서에 따라 단순히 나열하지 않았고, 만화 형식이라고 해서 유전이라는 대주제를 가볍게 다루지도 않았다는 것입니다. 주인공이 독백 형식으로 던지는 질문은 상당히 의미심장하며, 독자들도 마치 과학자가 된 듯한 착각에 빠져들며 함께 고민하게 됩니다. 이처럼 질문의 철학적 깊이와 저자의 세련된 비유, 통찰력 있는 표현이야말로 이 책의 가장 큰 매력이라 할 수 있지요. 이 책의 내용을 원작으로 한 연극이 탄생할 정도로 스토리가 탄탄하고 흥미진진하니 유전학 및 분자생물학 분야에 관심이 있는 학생이라면 이 책을 꼭 한 번 읽어볼 것을 추천합니다.

책에 등장하는 여러 유전 용어나 실험 및 연구 내용, 이를 통해 도출한 유전학 지식 등을 분석하는 활동을 수행한다면 유전학 전반을 심도 있게 이해할 수 있습니다. 또한 연구 과정에서 활용되는 다양한 생명공학 기술도 탐구해 보기를 바랍니다. 책 내용을 모두 소화했다면 유전물질인 DNA와 관련된 다양한 실험을 수행하며 그 특성을 확인하고 실험의 이론적 원리를 학습해볼 것을 추천합니다.

생기부 후속 활동으로 확장하기

실험 및 과제 연구

책을 읽고 난 뒤 후속 활동으로 유전자, DNA, 염색체 관련 유전학 및 분자생물학 실험을 수행할 수 있습니다. 실험 활동을 할 때는 먼저 실험의 이론적 원리를 익혀야 합니다. 실험 결과를 예상한 후 이를 실제 실험 결과와 비교하며 오차가 나타나는 이유나 실패 원인을 분석하고, 이를 보완한 추가 실험을 설계하고 수행해 보세요. 과학적 탐구력과 끈기를 보여주는 활동이 될 것입니다. 대표적인 실험과 탐구 활동을 예시로 소개합니다. 이 실험을 기초로 자신만의 자유 주제를 정하여 심화 실험을 진행해 보기를 바랍니다.

예) 브로콜리와 바나나 DNA 추출 실험, 구강 상피 세포 DNA

추출 실험, 초파리의 침샘 염색체 관찰 실험, 생식세포 분열 시 염색체 이동 관찰 실험, pGLO박테리아를 이용한 플라스미드 DNA 추출·절단·형질 전환 실험, 범죄과학 수사 유전자 검사 실험, 제한효소 전기영동 실험, DNA 구조 모형 제작 활동, 염색체 이상 유전병 환자의 핵형 분석 활동, DNA 지문을 활용한 범인색출 모의 활동

주제 탐구 및 발표 활동

DNA가 2중 나선이라는 증거를 찾고 사람의 유전체 지도를 완성하기까지 활용된 다양한 생명공학 기술을 탐구하고 보고서를 작성하여 발표하는 활동을 추천합니다. 최근에는 mRNA 백신이나 유전자 치료 등 유전물질을 활용하는 신약이나, 진단 및 치료 기술들이 개발되고 있습니다. 뉴스 기사를 탐색하여 이와 관련된 최신 연구 주제를 탐구해 보세요. 진학을 희망하는 대학교의 학과 교수님이 연구하는 주제를 찾아보고 이에 관해 탐구해 보는 것도 좋습니다.

예) mRNA 기반 면역항암제의 원리 탐구, mRNA 백신의 장단점 탐구, 유전자 가위 CRISPR-Cas9의 원리 탐구, 신속 항원 검사(자가진단키트)의 원리 탐구, DNA 염기서열 분석법 탐구

책 잇기 활동

《역노화》책을 읽고 DNA 가닥의 말단 영역인 텔로미어와 노화의 상관관계를 탐구해 보세요. 또한《경험은 어떻게 유전자에 새겨지는가》를 읽고 유전자의 발현을 조절하는 놀라운 후성유전학 분야의 세계를 탐구해 보길 바랍니다.

과학잡지 및 과학만화 제작하기

오늘날의 유전학을 탄생시킨 역사적 사건 중 인상 깊은 연구를 선정하여 관련 논문을 분석하고 이 내용을 소개하는 과학잡지를 제작하거나, 한 편의 과학만화로 만들어 발표하는 모둠활동을 추천합니다.

⚛ 관련학과

생명과학과, 생명공학과, 약학 계열, 의학 계열, 보건 계열

📖 같이 읽으면 좋은 책

《역노화》(세르게이 영 | 더퀘스트 | 2023)

《경험은 어떻게 유전자에 새겨지는가》(데이비드 무어 | 아몬드 | 2023)

《이중나선》(제임스 왓슨 | 궁리출판 | 2019년)

《이기적 유전자》(리처드 도킨스 | 을유문화사 | 2018)

《유전자 쫌 아는 10대》(전방욱 | 풀빛 | 2023)

《유전자 스위치》(장연규 | 히포크라테스 | 2023)

BOOK 24

《교실 밖에서 듣는 바이오메디컬공학》

임창환 외 | MID 엠아이디 | 2021

상상을 현실로 만드는
바이오메디컬공학 교양서

국가통계포털 KOSIS 자료에 의하면 2022년 한국인의 평균 기대수명은 82.7세입니다. 50년 전인 1972년 기준으로는 63.1세인데 말이죠. 현대인의 평균 수명이 이처럼 단기간에 빠르게 늘어난 가장 큰 요인은 바로 의약품과 의료기술의 발전이 아닐까 싶습니다. 그리고 신약과 새로운 의료기기 및 의료기술을 만들어 내는 주역은 바로 바이오메디컬공학(의공학)을 연구하는 공학자라고 해도 과언이 아니겠지요.

바이오메디컬공학은 대표적인 융합학문으로 BT(생명과학 기술), IT(정보통신 기술), NT(나노 기술) 등 새로운 분야의 기술들이 합쳐진 융합기술을 다루는 학문입니다. 미래 의료서비스와 인류의 복지를 책임질 미래 핵심 산업 기술이기도 하지요. 고령화 시대로 접어들면서 의료 관련 첨단 기술의 수요가 증가하고 있고 이에 발맞추어 첨단 생체공학의 중요성이 더욱 강조됨에 따라 새롭게 등장한 학문입니다. 그리고 바이오 및 의학 분야에서 필요로 하는 여러 가지 공학 기술을 개발하는 전문가들이 바로 바이오메디컬공학자입니다.

4차 산업혁명 시대에 급부상하고 있는 바이오메디컬공학과 관련하여 어떤 책을 추천하면 좋을까 고민하며 여러 책을 읽어본 끝에 《교실 밖에서 듣는 바이오메디컬공학》을 선택했습니다. 이 책은 한양대학교 바이오메디컬공학과 교수진이 우리의 미래를 바꿀 34가지 공학 기술을 청소년에게 들려주고자 공동으로 저술한 책입니다. 이 책은 인류의 삶을 획기적으로 변화시켰거나 앞으로 바뀌 나갈 의학 기술들을 전문가의 시선에서 어렵지 않게 소개하고 있습니다. 수업 시간에 선생님이 학생에게 설명하는 형태로 구성되어 있어 학생들에게도 친숙하게 느껴질 듯합니다.

어려울 수 있는 개념이나 용어는 각주를 달아 독자들의 이해를 돕고, 심화 학습이 필요한 부분은 QR코드를 제공하여 온라인 강의 동영상을 시청할 수 있도록 했으며, 그림과 사진 자료로 쉽고 생생하게 내용을 전달하는 친절함이 돋보이는 책입니다. 책을 읽다 보면 공학 기술이 우리의 미래를 얼마나 놀랍게 바꿀 것인지 절로 상상하게 됩니다. 인류가 극복하지 못한 난치병을 정복하게 되고, 뇌-컴퓨터 인터페이스[BCI] 기술을 통한 인간 증강을 실현할 수도 있겠지요.

책은 총 8부로 구성되어 있습니다. X-레이 영상이나 MRI처럼 우리에게 익숙한 기술부터 근전 인터페이스, 인공 망막, 인공 근육 등 장애가 있는 사람들의 일상을 돕는 보조 장치, 뇌-컴퓨터 인터페이스 같은 뇌공학 분야, 그리고 전자약, 이식형 의료기기, 인공후각, 캡슐형 내시경 등 계속해서 진화하는 의료기기까지 분야별로 상세하게 바이오메디컬공학을 소개하고 있습니다.

고등학교 교육과정에서는 바이오메디컬공학과 관련된 내용을 직접 다루지는 않습니다. 그러나 「생명과학Ⅰ」에서 기관계의 통합적 작용, 신경계, 근육 등을 배우므로, 34가지 공학 기술 중에서 학습 내용과 관련된 기술을 선정하여 심층 분석하는 활동만으로도 좋은 후속 활동이 될 것입니다. 공학 기술의 원리를 수학적, 물리학적으로 알아보는 교과 융합형 활동으로 확장해도 좋고요.

인공 근육이나 근전 인터페이스 등을 개발하기 위해서는 인체의 구조에 대한 이해가 선행되어야 합니다. 의학 계열 진로를 꿈꾸는 학생이라면《인체 구조 교과서》나《바디: 우리 몸 안내서》,《새로 만든 내몸 사용설명서》등 인체를 주제로 하는 책을 추가로 탐독한다면 좋겠습니다. 또한 AR과 VR을 이용해 인체 해부 구조를 관찰할 수 있는 사이트나 앱도 있으니, 영상을 통해서 인체의 해부 구조를 이해하고 간단한 해부 실습을 수행해 보는 일련의 후속 활동을 추천합니다.

생기부 후속 활동으로 확장하기

모형 제작 활동

❖ 근전 인터페이스와 인공 근육을 탐구한 후 근육의 움직임을 이해할 수 있는 근수축 모형을 제작하는 활동을 수행합니다. 활주설에 따른 액틴 필라멘트의 움직임을 잘 나타낼 수 있는 재료를 선정하여 모형을 제작해 보기 바랍니다. 또한 근섬유와 인공 근육의 탄소나노튜브의 공통점과 차이점을 탐구하는 활동도 추가로 수행할 수 있습니다.

❖ 사회적 약자를 돕거나 생활 속 불편함을 개선할 수 있는 의공학 발명품 아이디어를 고안하고, 간이 모형을 제작하여 실현 가능성을 탐구해 보는 활동을 추천합니다. 어떤 사회

적 문제에 관심이 있는지, 이를 어떻게 해결하려고 하는지, 과학적으로 실현 가능한지 등을 중점으로 보고서를 작성하고 발표해 보기 바랍니다.

의공학 기술 탐구 및 주제 발표

책에 제시된 바이오메디컬공학 기술 중 과학 교과 내용과 관련된 기술이나 관심 가는 기술을 주제로 선정하고 심층 분석하는 활동을 수행해 봅니다. 바이오메디컬공학 기술을 탐구하다 보면 이와 연계된 수학이나 화학, 물리학 속 개념들도 자연스레 학습하게 됩니다. 따라서 교과 융합형 활동으로 확장할 수도 있고, 타 교과의 자유 주제 탐구 활동에서도 의공학에 대한 관심을 드러내기에 좋습니다.

예) 3차원 CT 영상을 복원하기 위해 개발한 역전사 알고리즘 및 라돈 변환 탐구, 초음파를 이용한 혈액량과 혈류 속도 측정 탐구, MRI에 활용되는 초전도체 탐구, PCR 기술과 범죄 과학 수사 유전자 검사 실험의 원리 탐구, 세포 간 신호 전달 체계와 세포 밖 소포체 탐구, 이식형 의료기기의 전망 탐구, 장애를 가진 사람들을 돕는 보조 장치와 보철 기술 탐구

해부학 연계 활동

의학에 관심이 많아 「생명과학Ⅰ」, 「생명과학Ⅱ」를 선택과목으로 택했다면 교육과정에서 인체의 각 해부 구조와 기능을 생각만큼 깊이 다루지 않는 것에 아쉬움을 느낄지 모릅니다. 동물보호법으로 학교에서 동물 해부 실습도 사실상 접할 수 없고요. 후속 활동으로 본문에서 추천한 다양한 인체 관련 도서를 추가로 탐독한 후에 아래의 무료 사이트나 앱 혹은 유튜브 동영상을 활용해 보기 바랍니다. 인체를 구성하는 조직이나 기관의 실제 구조를 AR과 VR을 이용해 실재감 있게 확인하고, AR 앱으로 소 눈, 돼지 폐, 돼지 심장 해부 실습을 생생하게 접할 수 있습니다. 이를 활용하여 「생명과학Ⅰ」의 '기관계의 통합적 작용에 관여하는 기관들의 각 구조와 기능'을 설명하는 주제 발표 활동을 수행해도 좋고, VR/AR 실감형 콘텐츠 및 모사체와 같은 유사 실습 방법으로 실제 해부 실습을 대체할 정도로 충분한 학습 효과를 낼 수 있는지 토의 활동을 해보는 것도 좋습니다.

[참고 사이트와 앱]

❖ 'AR 해부실험실' 앱 : 생명존중교육 지향을 목적으로 한국과학창의재단에서 만든 가상 해부 실습 콘텐츠입니다. 비주얼과 사운드가 생동감 있게 구성되어 있어 실제 해부 실습을 하는 것처럼 느껴집니다. 인체 구조의 역할과 기능에 대

한 설명도 들을 수 있습니다.

❖ 'Irusu human anatomy' 앱, 'Human body(male) 3D' 앱 : 증강 현실을 통해 인체의 각 구조를 한눈에 파악할 수 있습니다.

❖ Visiblebody 사이트

뼈 구조, 근육의 구조, 순환계, 호흡계, 소화계, 림프계, 배설계, 생식계, 신경계, 내분비계에 대한 자료를 무료로 배포 중이며, 개념 설명과 입체적 구조를 영상으로 제공하고 있습니다.

❖ Human Anatomy VR

의과 대학에서 유료로 활용하는 프로그램을 맛보기로 시청할 수 있습니다.

BMI 기술 탐구하기

뇌-기계 접속 장치BMI, Brain Machine Interface라 불리는 뇌공학 기술은 신경 세포의 활동을 전극으로 측정하여 인공 팔과 다리를 움직일 수 있을 것이라는 생각에서 출발한 기술입니다. 신경계에 관해 학습했다면 침습형 BMI 기술과 비침습형 BMI 기술의 특징에 관해 비교하여 탐구해 보고, 우리 생활에서 BMI 기술이 사용되고 있는 사례를 조사해 봅시다.

인공신경망 토의 활동

인간의 신경 세포망을 모방한 인공신경망은 빅데이터 분석 기술이나 의료 진단 및 수술 등 여러 분야에서 활용되고 있습니다. 우리 생활에서 인공신경망이 적용된 사례를 조사해 보고, 인공신경망이 보편화될 때 인간의 생활에 미치게 될 긍정적인 영향과 부정적인 영향을 토의하는 활동을 추천합니다.

✿ 관련학과

바이오메디컬공학과, 생명과학과, 생명공학과, 의학과, 화학공학과, 전자공학과, 컴퓨터공학과, 물리학과, 신소재공학과, AI융합학부

📑 같이 읽으면 좋은 책

《생명과학, 바이오테크로 날개 달다》(김응빈 | 한국문학사 | 2021)

《바이오닉맨》(임창환 | MID 엠아이디 | 2017)

《인체 구조 교과서》(다케우치 슈지 | 보누스 | 2019)

《바디: 우리 몸 안내서》(빌 브라이슨 | 까치 | 2020)

《새로 만든 내몸 사용설명서》(메멧 오즈, 마이클 로이젠 | 김영사 | 2014)

《바이오테크 시대》(제러미 리프킨 | 민음사 | 1999)

독서로 챙기는 생기부 사례

활용 도서
《하리하라의 청소년을 위한 의학 이야기》

《하리하라의 청소년을 위한 의학 이야기》를 읽고 노벨 생리의학상을 수상한 업적 한 가지를 선정하거나, 혹은 책의 내용을 확장하여 직접 탐구한 내용을 주제로 페임랩 형태의 발표를 해봅시다. 과학 커뮤니케이터가 되어 페임랩 발표를 한 후, 심화 탐구 및 진로 연계 활동을 추가로 수행하며 깊이를 더할 수 있습니다.

1. 페임랩에 참여할 발표 주제를 선정한다.
2. 주제에 관한 탐구를 진행하고 그 내용을 이해한다.
3. 발표 전략을 세우고 사용할 소품을 선정한다.
4. 발표할 내용을 요약하고 발표 대본을 작성한다.
5. 희망 진로, 주제 선정 이유, 탐구 내용, 발표 전략, 소품 소개, 활동 소감 등을 담은 활동 보고서를 작성한다.
6. 페임랩 발표 활동 후 주제와 관련된 심화 탐구 활동이나 진로 연계 활동 등을 수행하고 보고서를 작성한다.

학생 활동 보고서 작성 예시 일부

발표 주제	전기영동 장치를 이용한 유전자 감식
주제 선정 이유	생명과학의 역사를 학습한 후 노벨 생리의학상을 수상한 생명과학자들의 주요 연구 성과를 알아보고자 '하리하라의 청소년을 위한 의학 이야기'(이은희)를 읽게 되었습니다. 제15장 'DNA를 원하는 대로 자를 수 있다면-네이선스와 스미스, 제한효소를 발견하다'를 읽은 후 유전자 재조합 기술 외에 제한효소를 활용하는 기술에는 무엇이 있을지 호기심이 생겼고, 검색을 통해 범인 색출 과정에 쓰이는 '전기영동 장치를 이용한 유전자 감식'에 대해 알게 되었습니다. DNA 전기영동의 원리 및 DNA를 이용한 범인 색출 방법을 대중들에게 소개함으로써 생명과학자의 연구 업적을 알리고, 생명공학 기술이 과학 수사 분야에서도 유용하게 활용된다는 사실을 전달하고자 페임랩 발표 주제로 선정하게 되었습니다.
주제 탐구 내용	1. 제한효소의 종류와 특성 탐구 1) 제한효소restriction enzyme란? 제한효소는 외부에서 온 DNA를 절단하여 세균 세포 내로 들어오는 것을 막음으로써 세포를 보호한다. 각각의 제한효소는 제한효소 자리restriction site라는 특정 짧은 DNA 서열 또는 제한 부위를 인지하고 DNA 두 가닥을 자른다. 세균 세포의 DNA는 효소가 인식하는 서열 내의 아데닌이나 사이토신에 메틸기($-CH_3$)를 첨가함으로써 제한효소로부터 자신의 DNA를 보호한다.[1]

1) Urry 외, 캠벨 생명과학 12판, 2022

주제 탐구 내용	2) 제한효소의 종류와 예 ① 비점착성 말단을 형성하는 제한효소 Hae III $\quad$ 5′–GG$\downarrow$CC–3′ $\quad\Longrightarrow\quad$ 5′–GG$\quad$CC–3′ $\qquad\qquad$ 3′–CC$\uparrow$GG–5′ $\qquad\qquad$ 3′–CC$\quad$GG–5′ ② 점착성 말단을 형성하는 제한효소 Eco RI $\quad$ 5′–G$\downarrow$AATTC–3′ $\quad\Longrightarrow\quad$ 5′–G$\quad$AATTC–3′ $\qquad\qquad$ 3′–CTTAA$\uparrow$G–5′ $\qquad\qquad$ 3′–CTTAA$\quad$G–5′ **2. RFLP와 겔 전기영동을 이용한 범인 색출 실험 수행** 1) 제한효소 절편길이 다형성RFLP 제한효소 절편길이 다형성은 제한효소에 의해 생성되는 절편 양상의 변이(다형성)로서, DNA 서열의 변이를 보여준다.[2] (이하 생략) 2) 겔 전기영동gel electrophoresis 겔 매트릭스에 전류를 흘려보내 DNA, RNA, 단백질 등의 거대분자를 크기 및 전하량에 따라 분리하는 실험 방법이다. 이 방법으로 제한효소에 의하여 절단된 DNA 조각들을 분리하고 분석할 수 있다. DNA는 인산기 때문에 (-)전하를 띠므로, 아가로스(다당류의 일종) 겔에 DNA 시료를 넣고 전류를 흘려보내면 시료는 (-)극에서 (+)극으로 이동한다. (이하 생략) 3) 겔 전기영동을 이용한 범인 색출 실험 [실험 준비물] 아가로스 겔, 50X TAE buffer, 염색 샘플(6종), 일회용 마이크로피펫, 실험용 장갑, 전기영동 장치, 전원 공급장치 (이하 생략)

2) Benjamin A. Pierce, 유전학의 이해, 2009

	실험 과정과 결과는 생략
발표 전략	사건 현장에서 발견된 용의자의 DNA를 이용해 범인을 특정한 사건을 소개하며 유전자 감식법의 원리에 대한 청자의 호기심을 유발한 후 '전기영동 장치를 이용한 유전자 감식의 원리'를 직접 제작한 모형을 활용해 이해하기 쉽게 설명할 계획입니다. 또한 생명과학자가 발견한 세균의 제한효소를 과학 수사 분야에 유용하게 활용할 수 있었던 것은 공학 기술의 놀라운 발전 덕분임을 강조할 것입니다.
활용할 소품 및 선정 이유	전기영동 장치를 이용한 유전자 감식의 원리를 직접 눈으로 확인한다면 더욱 이해하기 쉬울 것으로 판단하였습니다. 따라서 DNA 움직임을 실감 나게 확인할 수 있는 전기영동 장치 모형을 직접 제작해 소품으로 활용하려 합니다. (이하 생략)
활동 소감	책을 읽은 후 관심이 생긴 주제를 직접 탐구하고 친구들 앞에서 설명하는 페임랩 발표 활동을 준비하면서 가장 많이 고민한 것은 '어떻게 하면 친구들에게 이해하기 쉽게 설명할까?'였습니다. 여기에 중점을 두고 발표 대본을 작성하다 보니, 혼자서 공부할 때보다 개념을 더욱 깊이 있게 이해할 수 있었습니다. 또한 생명과학Ⅱ 수업 시간에 DNA의 구조와 효소의 특성을 학습하였는데, 효소 중에는 인식한 염기서열 부위를 절단하는 제한효소라는 종류도 있음을 새롭게 알게 되었습니다. 이 과정을 통해, 단순히 외우기보다는 스스로 궁금했던 내용을 탐구하는 과정에서 새롭고 다양한 개념을 풍부하게 학습할 수 있다는 것

을 깨달았습니다. 또한 어려운 원리는 모형이나 활동 등을 통해 직접 경험해 보는 것이 이해가 수월함을 실감했습니다.

페임랩 발표 활동 후 진로와 연계한 후속 탐구 활동 보고서 예시 일부

희망 진로	생명과학 교사
진로 연계 후속 탐구 활동	〈RFLP를 이용한 범인 색출 실험의 원리를 쉽게 이해할 수 있는 창의적인 학습 활동 설계 및 제작〉 [탐구 계기] 희망 진로가 생명과학 교사인데, 수업 시간에 이론이나 원리를 강의식으로만 수업하는 것이 아니라 직접 간이 모형을 제작하는 활동형 수업을 진행한다면 한층 직관적이고 쉽게 이해할 수 있으리라 생각했습니다. (이하 생략) [학습 활동 설계 및 제작] Excel 프로그램을 이용하여 범인의 DNA 서열과 용의자 1~3의 DNA 염기서열을 종이로 출력하고, 학습 활동지를 제작하여 활동 방법을 안내한다. 제한효소에 의해 DNA가 절단되는 과정을 가위와 DNA 염기서열 종이를 이용해 직접 수행하게 한다. 전기영동의 원리에 따라 DNA 절편들을 나열한 후 범인과 용의자 1~3의 DNA 지문을 비교하여 범인을 색출한다.

현장에서 발견된 범인의 DNA!! 범인의 DNA
와 일치하는 DNA를 가진 용의자는 과연 누구
일까?
법의학자인 당신은 지금부터 용의자로부터 추출
한 DNA를 바탕으로, DNA 지문법DNA Fingerprinting
을 사용하여 범인을 밝혀 내야만 한다.

[활동 안내] (이하 생략)

과세특 예시

'전기영동 장치를 활용한 유전자 감식' 페임랩 발표

생명과학의 역사를 학습한 후 노벨 생리의학상을 수상한 생명과
학자들의 주요 연구 성과를 알아보고자 '하리하라의 청소년을 위
한 의학 이야기'(이은희)를 탐독함. 책을 통해 네이선스와 스미스가
발견한 '제한효소'가 특정 염기서열을 인식하여 절단한다는 특성
을 배우며 흥미를 보임. 이후 제한효소를 활용한 기술을 조사하다
가 '제한효소 절편길이 다형성RFLP을 이용한 유전자 감식법'을 접
하고 그 원리를 탐구한 보고서를 작성함. 겔 전기영동의 원리를
수용액에서 DNA 분자의 전기적 특성과 연결 지어 깊이 있게 서
술한 점이 인상적임. 또한 유전자 감식의 원리를 직접 경험해 보
고자 간이 전기영동 장치를 손수 제작하고 RFLP를 이용한 범인 색

출 실험을 수행한 후 그 결과를 분석한 점이 돋보임. 실험 과정에서 아가로스 겔을 바르게 제조하고 로딩 시간을 적절하게 설정하는 등 실험 원리에 대한 이해도가 높으며 실험 기구를 능숙히 다루는 모습이 관찰됨.

탐구 보고서 내용을 주제로 페임랩 발표 프로젝트에 참여함. 범죄 수사에 생명 공학 기술이 이용된다는 것을 흥미롭게 제시하여 청중의 집중을 자연스레 유도함. 또한 과학적 오류 없이 쉽고 명료하게 내용을 전달하는 등 과학 커뮤니케이터로서 자질을 보여줌. 특히 직접 제작한 'DNA 밴드가 움직이는 전기영동' 모형을 소품으로 활용하여 DNA의 인산기가 생체 내에서 음전하를 띠어 전기장에 넣으면 (+)극으로 도달하는 원리를 실감 나게 설명함으로써 좋은 전략으로 평가 받음.

생명과학 교사를 꿈꾸는 학생으로, 페임랩 발표 후 진로 연계 활동으로 'RFLP를 이용한 범인 색출 실험의 원리를 쉽게 이해할 수 있는 창의적인 학습 활동 설계 및 제작' 활동을 수행함. 종이 모형을 활용하여 범인과 용의자의 DNA 전기영동 결과를 비교해 보며 범인을 색출하는 과정을 수행함으로써 법의학자를 간접 체험할 수 있는 학습 활동을 설계함. 또한 이를 포함한 교수학습 과정안을 작성하고 모의 수업을 시연함. 활동을 안내하는 학습지와 개념 확인 퀴즈를 마련하여 학습 이해를 돕고, 모둠 구성원끼리 서로 다른 용의자의 DNA 염기서열 종이로 활동하게 하여 모둠 내 협동 학습이 이루어질 수 있도록 구성한 점이 우수함.

PART

5

지구과학 선생님이
소개하는
지구과학 책 읽기

★ ★ ★ ★

MUST-READ FOR
SCIENCE AND ENGINEERING
COLLEGE

BOOK 25

《다이브》

단요 | 창비 | 2022

기후위기 재난 소설이 그저
소설로만 남을 수 있도록

　지구온난화로 인해 해수면이 상승합니다. 인천이 수몰되고 서울의 대부분은 물에 잠기지요. 소설《다이브》가 상상한 2057년, 대한민국의 가까운 미래 모습입니다. 남은 사람들은 산에 터를 잡습니다. 물 밑에서 과거의 전리품이나 통조림을 건져 올리는 '물꾼'이라는 새로운 직업도 생기죠. 소설 속 주인공인 선율 역시 물꾼입니다. 선율은 다른 산의 물꾼들과 자기 구역을 걸고 내기를 합니다. 내기에서 이기기 위해 모두를 깜짝 놀라게

할 전리품을 찾다가 인간과 너무나 닮은 기계 인간 수호를 물속에서 꺼내 올리며 이야기가 시작됩니다.

스토리도 물론 흡인력 있지만, 소설 속 주인공들이 여러분의 나이대와 비슷해서 더 친근하게 느껴지고 주인공들의 감정에 몰입할 수 있을 것 같습니다. 이 책을 읽기 전에 먼저 표지부터 들여다보세요. 먹먹한 물속에는 한때 수많은 사람들의 발걸음과, 음성과, 온기로 북적거렸을 서울의 빌딩숲이 차갑게 가라앉아 있습니다. 무심하게도 가장 밝게 떠오른 보름달과, 아직은 아슬아슬하게 제 공간을 지키고 있는 남산타워도 보이네요. 이 배경을 뒤로 어떤 이야기가 펼쳐질까요?

실제로 책을 읽은 후 자신의 예상이 들어맞았던 부분, 그렇지 않은 부분을 비교해 보고 '나라면 이렇게 소설을 써보고 싶은데'라는 상상도 펼쳐볼 수 있습니다. 책을 읽는 중에는, 기후변화가 미래에 어떤 영향을 미치는지 묘사한 부분에 초점을 맞추어 보세요. 지구온난화로 인해 해수면이 상승하면 어떤 변화가 나타날 것이라고 소설은 말하고 있나요? 그 변화들이 불러올 또 다른 문제점이나 그로 인해 파생하게 될 여러 상황들을 생각하고 적어 봅니다. 그리고 그중 한두 가지에 초점을 맞춰, 현재는 어떤 상태인지 확인해 보고 앞으로 이 문제에 대비하기 위해 필요한 기술이나 상품에 대해서도 생각해 봅시다.

미래에 대두될 새로운 직업을 주제로 삼아도 좋고, 경제 체제나 사회적 제도에는 어떤 변화가 있을지 다른 교과에서 배운 내용들과 융합하여 생각해 보는 것도 좋은 방법입니다.

슬프게도 이런 모든 예상은 기후 변화로 인류가 위기 상황을 맞닥뜨리게 될 것임을 전제로 합니다. 가장 중요한 것은 그런 일이 일어나지 않도록 예방하는 일이겠지요. 이 책을 읽고 후속 활동을 할수록 현재가 얼마나 풍요로운 세상인지 절감하게 될 것입니다. 소설을 통해 우리가 조만간 맞닥뜨릴지 모를 위기를 피부로 느끼고, 기후 위기를 제대로 이해하는 시간을 가진다면 좋겠습니다.

생기부 후속 활동으로 확장하기

기후 변화와 미래를 주제로 토론하기

이 책에서 찾은 미래의 변화와 그로 인해 발생하게 될 문제점이나 파생하게 될 상황들을 정리한 후 다른 친구들과 공유합니다. 친구의 생각을 들은 후 궁금한 점을 질문하거나, 그 친구의 생각에 덧붙여 자신의 생각을 펼쳐 봅시다. 토론 활동 이후 알게 된 새로운 내용들을 종합하여 정리합니다.

실제로 수업 시간에 이 활동을 진행했는데 굉장히 흥미로운 의견들이 많았습니다. "해수면이 상승한 미래에는 어떤 교통 수단이 가장 활발하게 이용될까?", "해수면 상승이 단숨에 일어나는 것은 아니니 과도기 단계의 건축 기술은 어떤 것에 초점을 맞출까?", "현재보다 식량과 자원이 부족해질 테니 새로운 경제 체제가 필요할 것 같아." 등등 다양한 의견이 나왔습니다. 이렇게 친구들과 생각을 나누면 훨씬 다양한 관점을 공유할 수 있습니다.

심화 주제 탐구1 : 세계 각국의 해수면 상승 현황 알아보기

❖ 지구온난화 외에, 해수면 상승에 영향을 미치는 또 다른 인위적 요인에 대해 조사해 봅시다. 과도한 지하수 개발이 지구 해수면 상승의 원인이 될 수 있다고 합니다. 지하수가 해수면을 상승시키는 과정에서 지구 물질량 분포에 변화가 일어나고, 이는 다시 지구 자전축의 변화를 일으켜 기후 변화에 영향을 미친다는 연구 결과가 있으니 해당 논문을 읽어 보며 시스템적 관점에서 해석해 봅시다.

❖ 현재 해수면 상승 및 침수 문제를 겪고 있는 나라들을 조사해 보고 어떤 변화가 나타났는지, 어떻게 대응하고 있는지 알아봅시다.

❖ 우리나라는 해수면 상승이 얼마나 일어났을까요? 해수면 상승 정도를 확인해 봅시다. 국립해양조사원 홈페이지의 '바다누리 해양정보 서비스'를 검색하면 최근 30년

(1991~2020년)의 우리 연안 21개 조위관측소의 해수면 상 승 현황을 확인할 수 있습니다.

❖ 해수면을 측정하는 기준은 무엇인지, 우리나라에서는 어떻게 해수면을 측정하고 있는지 그 원리를 알아봅니다.

심화 주제 탐구2 : 기후 변화와 관련된 기술에 대해 조사하기

소설을 읽은 후, 기후 변화로 우리가 미래에 겪게 될 문제들에 대해 조사합니다. 이 문제를 해결할 수 있는 기술 또는 이러한 문제 상황에 대비하기 위해 필요한 기술이나 상품에는 어떤 것들이 있을지 생각해 봅니다. 기술이나 상품 속에 담긴 과학적 원리를 설명하거나 여러분이 생각한 기술이나 상품의 필요성을 과학적으로 접근해 설명해 봅시다.

'심화 주제 탐구1'에서 다른 나라의 사례를 통해 문제 상황뿐 아니라 각 나라의 대응 방법에 대해서도 알게 됐을 것입니다. 실제 수업에서 이 주제로 수행평가를 진행한 적이 있습니다. 학생들은 수상 도시 건설 및 관련 기술, 제방 기술, 식량난에 대비한 유전자 변형 기술, 생산량을 높이고 효율적으로 운영할 수 있는 농업 기술, 다시 얼음으로 얼리는 기술 등을 소개하고 그 과학적 원리와 해당 기술의 필요성을 설명했습니다. 기후 변화 영향에 견딜 수 있는 새로운 품종을 개발하기 위해 발 빠르게 움직이는 프랜차이즈 기업들의 사례와 해저도시나 수상도시의 여러 모델, 여기에 적용된 기술들을 소개하는 과정에서 해외 여러 나라들과 우리나라의 연구 사례를 비교하여 설명하기도 했습니다.

그중에서도 가장 돋보였던 학생은 수행평가 과정에서 생겼던 궁금증을 학기말 자율적 교과과정으로 연결한 경우였습니다. 건축 관련 진로를 희망하는 학생이었는데, 프로그램을 사용해 직접 모델링을 해본 후 최종적으로 3D 모델링을 완성했고, 실제 모형으로도 제작하여 실험까지 실시했습니다.

| 참고 사이트 |

❖ 국립해양조사원(www.khoa.go.kr)

관련학과

지구환경과학부(과), 지구시스템과학과, 해양학과, 환경공학과, 에너지공학과

같이 읽으면 좋은 책

《기후 책》(그레타 툰베리 | 김영사 | 2023)

《기후변화 시대의 사랑》(김기창 | 민음사 | 2021)

《'지구공학'은 기후변화의 열쇠일까 재앙일까?》(이충환 | 동아엠앤비 | 2018)

BOOK 26

《선을 넘는 과학자들》

애나 크롤리 레딩 | 다른 | 2022

누구도 본 적 없는
블랙홀의 진짜 모습을 담아내다

사건지평선망원경EHT: Event HorizonTelescope 프로젝트에 대해
들어 보았나요? 전 세계 여러 대의 전파망원경을 연결하여 지
구 크기만 한 전파망원경의 효과를 구현함으로써 블랙홀 영상
을 포착하려는 국제 협력 프로젝트를 의미합니다.

블랙홀이라는 용어는 다들 들어 봤겠지만, 막상 설명하려고
하면 막연하게만 느껴집니다. 무한히 펼쳐진 광대한 우주에서
도 가장 불가사의한 존재 블랙홀. 블랙홀 연구에 관한 책이 있

다니, 왠지 책장을 넘길 엄두가 안 날지도 모르겠습니다. 하지만 이 책은 겉보기와 달리 상당히 낭만적인 책입니다.

셰퍼드 돌먼Sheperd Doeleman이라는 과학자는, 지금껏 아무도 실제로 본 적이 없는 블랙홀의 사진을 망원경으로 촬영하겠다는 불가능에 가까운 목표를 세웁니다. 그리고 수많은 다른 과학자들과 힘을 합친 결과 마침내 2019년, 인류 최초로 블랙홀 사진을 촬영하는 데 성공합니다. 이 책은 그 까마득한 과정에 대한 이야기입니다. 블랙홀 촬영에 참여한 과학자들의 유년 시절 이야기부터 어떻게 이 프로젝트에 참여하게 되었는지, 어떤 일을 수행했는지 등을 알 수 있습니다. 책을 읽는 우리도 마치 프로젝트에 참여한 것처럼 가슴이 벅차오르게 되지요.

책을 읽기 전 다음 질문에 답해 볼까요?

인류는 블랙홀이 존재한다는 것을 어떻게 알게 됐을까요? 블랙홀이라는 이름은 어떻게 붙여졌을까요? 블랙홀을 볼 수 없다는데 왜 그런 걸까요? 그렇다면 2019년에 촬영한 블랙홀 이미지는 어떻게 촬영한 걸까요? 이 질문에 답하지 못하더라도 괜찮습니다. 책을 읽으면서 답을 곧 찾게 될 테니까요. 선생님이 적은 질문 외에, 여러분도 책을 읽기 전 궁금한 내용을 질문으로 만들어 보세요.

책에는 수업 시간에 배웠던 내용이나 관련된 개념들도 등장합니다. 교과서의 설명과 책에서 표현한 내용은 어떻게 다른지 비교해 보며 읽기 바랍니다. 예를 들어 질량에 따른 별의 진화 경로, 정역학 평형 등 교과서의 내용을 이 책에서는 어떻게 설명하는지 잠깐 볼까요?

> "유달리 큰 별이 죽고 나면 블랙홀이 생긴다. 별의 죽음은 아주 드라마틱한 사건이다."
> "서로 다른 두 힘이 별을 두고 싸운다. 한 힘은 밖으로, 다른 힘은 안으로."
> "태양은 하늘에서 원을 그리며 이동했지만 절대로 땅 아래로 지는 법이 없었다."

이처럼 책은 과학적 개념을 감각적이면서도 이해하기 쉬운 비유로 설명하고 있습니다. 그 밖에도 이 책은, 교과과정을 넘어서는 좀 더 확장된 내용까지도 소개합니다. 필요한 내용들을 잘 적어 두었다가 이후 심화하여 학습하면 좋겠습니다. 예를 들어 슈바르츠 실트 반지름, 찬드라세카르 한계 등의 개념에 흥미를 느꼈다면 개념을 더 깊이 공부하고, 수식을 유도해본 후 응용문제를 내보는 것을 추천합니다. 개념을 이해하는 과정에서, 블랙홀의 비밀에 다가갔던 과학자들의 생각을 따라가며 그들과 대화하는 시간을 가져 보세요.

생기부 후속 활동으로 확장하기

전 지구적 과학 프로젝트를 주제로 토의하기

책에는 다음과 같은 문장이 나옵니다. "세상 사람 모두 블랙홀을 보려면 세상 사람 모두가 협력해야 했다."

실제로 블랙홀을 촬영하기 위해 수많은 영역을 담당하는 과학자들과 수학자들 그리고 엔지니어들이 필요했습니다. 전 지구적인 과학 프로젝트는 이제는 선택이 아닌 필수인 시대가 되었죠. EHT 프로젝트 외에도 전 지구적으로 과학자들의 공동 연구가 진행된 사례들을 조사해 보고, 어떤 경우에 국제적 공동 연구가 필요한지, 이때 과학자로서 갖춰야 할 역량은 무엇인지 토의를 진행해 봅시다.

심화 주제 탐구 1 : 블랙홀을 연구한 과학자에 대해 알아보기

2020년 노벨 물리학상은 블랙홀을 연구한 3명의 과학자가 수상했습니다. 이 책에서도 소개된 로저 펜로즈Roger Penrose, 라인하르트 겐첼Reinhard Genzel, 앤드리아 게즈Andrea Ghez입니다. 세 과학자가 어떤 연구를 진행했고, 우리에게 무엇을 알려주었는지 알아봅시다.

심화 주제 탐구2 : EHT 프로젝트에 참여한 우리 과학자들의 업적 알아보기

EHT 프로젝트에는 한국의 과학자들도 참여했는데, 그중 네 분의 인터뷰를 이 책에 담고 있습니다. 우리나라 과학자들이 이 프로젝트에서 어떤 역할을 수행했는지 알아보세요.

2023년 12월, 새로 지어진 KVN 평창 전파망원경이 고주파 첫 신호 검출에 성공했습니다. 한국우주전파관측망KVN: Korean VLBI Network은 우리나라 최초의 전파간섭계 망원경으로 전 세계 전파망원경들과 국제공동관측 및 국제 협력 연구를 진행해 왔습니다. 한국천문연구원이 독자적으로 개발한 KVN 다주파수 동시관측 수신시스템은 현재 전 세계 여러 전파망원경에 도입돼 국제 표준으로 자리 잡아가고 있으며, EHT 프로젝트의 핵심 관측 시스템으로도 채택됐다고 합니다. 이처럼 자랑스러운 우리나라 과학자들의 업적에 대해 알아봅시다.

심화 주제 탐구3 : 전파망원경과 전파 천문학 알아보기

사건지평선망원경은 전파망원경을 여러 대 연결하여 만들었습니다. 전파 천문학의 탄생과 발전 과정에 대해 알아보는 주제 탐구 활동을 진행해 보세요.

우주에서 오는 전파를 최초로 관측한 잰스키Karl Jansky, 제2차 세계대전 중 과학자들의 전파 연구와 그에 따른 기술 발전,

전쟁 중 전파 방해 장치를 연구했던 마틴 라일Martin Ryle, 마틴 라일이 제시한 전파 간섭계 기술, 마틴 라일과 함께 노벨상을 수상한 앤토니 휴이시Antony Hewish, 앤토니 휴이시의 제자였던 조슬린 벨Jocelyn Bell의 펄서 발견까지, 전파를 시작으로 하여 전파 천문학까지 이어진 이야기들을 따라가다 보면 더 많은 배경지식을 쌓게 됩니다.

전파망원경의 특징과 분해능에 대해 알아보고, 전파망원경을 연결하여 분해능을 높이는 기술인 초장기선 전파간섭계VLBI: Very Long Baseline Interferometry의 원리와 이를 이용한 주요 과학 연구 성과들을 찾아봅시다.

☼ **관련학과**

천문학과, 물리학과

▣ **같이 읽으면 좋은 책**

《스티븐 호킹의 블랙홀》(스티븐 호킹 | 동아시아 | 2018)

《우종학 교수의 블랙홀 강의》(우종학 | 김영사 | 2022)

《천문학 및 천체물리학》(Michael Zeilik 외 | 센게이지러닝 | 2010)

BOOK 27

《우주 미션 이야기》

황정아 | 플루토 | 2022

인간이 도달할 수 있는 가장 넓은 세상, "우리는 우주로 가기로 했다!"

2024년 한국형 NASA인 한국 항공우주청이 출범합니다. 우주 산업을 우리나라 주력 산업으로 키우겠다는 의지가 돋보이는 부분입니다. 2022년 한국형 발사체 누리호가 2차 발사에 성공했고, 우주 탐사선 다누리가 달 궤도에 진입하는 데 성공했습니다. 2023년에는 우주기상 측정용 큐브 위성 '도요샛' 4기 중 3기가 세계 최초 위성 편대 비행에 성공했습니다.

하지만 '2023 우주산업실태조사'에 따르면 국내 우주 분야

인력은 1만 2,000여 명 정도로 상당히 부족한 상황이라고 합니다. 인력의 현황을 분야별로 보면 위성 활용 서비스 및 장비 분야 인력이 가장 많은 비율을 차지하고, 위성체 제작, 발사체 제작, 지상 장비, 과학 연구, 우주 탐사 분야순이라고 하네요.

다음의 그래프를 살펴보면 천문학과나 항공우주공학과 외에도 다양한 전공 분야의 인력들이 필요한 것을 확인할 수 있습니다. 앞으로 나라에서 투자하게 될 우주 산업 분야에 우리가 관심을 가져야 하는 이유이기도 하지요. 학생들이 우주 산업 분야를 좀 더 깊이 이해하고, 우주 미션에 대한 현장감 있는 이야기를 들어 보았으면 하는 마음에 이 책《우주 미션 이야기》를 추천합니다.

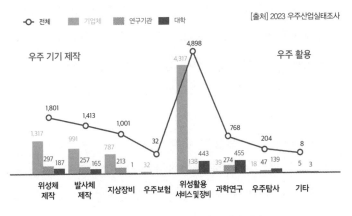

〈2023년 우주산업실태조사 분야별 인력 현황〉

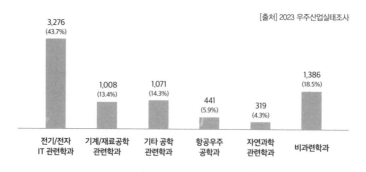

[출처] 2023 우주산업실태조사

〈2023년 우주산업실태조사 전공별 인력현황〉

이 책의 저자는 인공위성을 개발하고 우주 과학을 연구하는 과학자로, 2023년 누리호 3차 발사로 우주에 날아간 도요샛 위성 프로젝트의 시스템 엔지니어입니다. 책이나 강연을 통해 대중들과 소통해온 경험을 바탕으로, 우주 탐사와 관련해 우리가 궁금해할 내용들을 쏙쏙 뽑아 이 책에 풀어 냈습니다. 저자는 20여 년이 넘는 시간 동안 인공위성을 만든 전문가이기도 합니다. 그 경험을 바탕으로 우주 미션을 진행하는 과정에서 일어나는 일들을 A부터 Z까지 설명하며 현장에 있는 사람들만이 알 수 있는 생생한 속 얘기까지 전해 줍니다.

우리나라의 우주 개발 과정, 인공위성 경쟁, 다른 나라의 우주 탐사 성공 사례들도 다루는데요, 그중에서도 후발 주자인 아랍에미리트의 도약 부분이 인상 깊습니다. 남들보다 뒤늦게 출

Part 5 지구과학 선생님이 소개하는 지구과학 책 읽기

발했지만, 단기간에 화성 탐사선 발사에 성공할 수 있었던 요인과 전략을 이 책에서 살펴볼 수 있습니다. 이 지점에서 우리나라가 나아가야 할 방향도 찾아볼 수 있겠지요. 우주 개발 시대의 막이 이미 열렸습니다. 우주 미션에 대해 알아보고 이와 관련한 진로를 꿈꾸며 K-스페이스 시대의 주역이 될 여러분을 응원합니다.

생기부 후속 활동으로 확장하기

과제 연구

이 책에는 달과 화성에 탐사선이 착륙할 때 속도를 줄이는 과정에 대한 내용이 나옵니다. 탐사선 착륙 시 속도를 줄일 수 있는 방법을 고안하고, 이를 실험을 통해 검증하는 과제 연구를 수행해 봅시다. 속도를 줄이는 방법을 고안하고 이를 설명하는 과정에는 물리학 개념을 적용해야 하며, 그 과정에서 과학적 오류가 없도록 해야 합니다. 실험 결과를 분석할 때는 속도를 측정하여 충격을 얼마만큼 줄일 수 있는지 정량적으로 데이터를 분석합니다.

주제 탐구 발표

'우주 산업의 이해'를 주제로, 주제 탐구 발표를 진행합니다.

❖ 우주 산업을 경제적 창출 관점과 과학 기술 발전의 관점, 국방학적 관점에서 이해하고 우주 산업의 중요성을 설명하는 주제 탐구를 진행합니다.

❖ 우주 탐사를 위해 개발된 기술이 실생활에 상용화된 사례들과 기술의 원리를 설명하는 주제 탐구를 진행합니다.

❖ 이 책을 읽고 난 뒤 유망하다고 생각한 직업 분야와 관련해 우주 산업 실태 조사 보고서를 읽어 봅니다. 우리나라 우주 산업의 현황에 대해 알아보고 앞으로 유망한 분야에 대해 주제 탐구를 진행해 보세요. 우주 산업 실태 조사 보고서는 한국우주기술진흥협회 사이트에서 다운로드할 수 있습니다.

❖ '위성'을 키워드로 뉴스 검색을 통해 다른 나라의 우주 탐사 현황과 우리나라의 위성 개발 현황에 대해 알아봅니다.

❖ 2023년 한국지질자원연구원은 우주자원 국제워크숍을 개최했습니다. 대전에서 개최된 이 워크숍에는 세계 각국의 우주자원 전문가들이 대거 참석했으며, 우주자원 분야의 과학, 기술, 상용화, 정책에 대해 논의하는 자리를 마련했습니다. 또한 각국 우주기관 대표들은 현지자원 활용을 위한 협력 방향에 대해 토론했다고 합니다. 달 탐사를 통해 우리는

어떤 우주자원을 기대할 수 있을까요? 또 세계 여러 나라가 앞다퉈 달 탐사 경쟁에 뛰어드는 이유는 무엇일까요? 이에 대해 생각해 봅시다.

❖ 재활용 발사체인 스페이스X의 '팰컨9'과, 블루 오리진의 '뉴셰퍼드' 로켓의 원리를 알아보고 재활용 발사체의 새로운 가능성을 생각하여 아이디어를 제시해 봅니다. 아이디어 를 제시할 때는 3D 모델링으로 구현하여 설명하는 것을 추천합니다. 여러분이 직접 디자인하여 어떤 구조로 만들어졌고, 어떤 기능을 하는지 설명하면 좋겠습니다.

실제 수업 중, 로켓에 관심이 많은 한 학생은 스팀업아카데미에서 학습 도구인 cube를 이용해 여러 도형들을 사용하여 '팰컨9'을 3D 모델링한 콘텐츠를 제작했습니다. 이후 발표 때 직접 제작한 콘텐츠를 보여주며 각 구조와 기능들을 설명했습니다. 처음부터 디자인하는 것이 어렵다면, 먼저 기존의 모델들을 3D 모델링하며 프로그램에 익숙해진 후 여러분이 구상한 아이디어를 3D 모델링하여 나타내는 것을 목표로 해보세요.

| 참고 사이트 |

❖ 한국우주기술진흥협회(www.kasp.or.kr)
⇨ 정보센터 〉 자료실

❖ 스팀업아카데미(www.steamupacademy.com)

⚛ 관련학과

항공우주공학과, 천문우주학과, 기계공학과, 컴퓨터공학과, 사이
버국방학과

📑 같이 읽으면 좋은 책

《푸른 빛의 위대한 도약, 우주》(황정아 | 이다북스 | 2022)

《처음 읽는 인공위성 원격탐사 이야기》(김현옥 | 플루토 | 2021)

《우주산업의 로켓에 올라타라》(조동연 | 미래의창 | 2021)

BOOK 28

《수학과 엑셀 스프레드시트를 이용한 과학 학습》

최승언 외 | 교육과학사 | 2017

'수학'으로 '과학'하기, 교과서 내용을 직접 구현해 볼까?

지구과학을 공부하는 과정에서 학생들이 어려움을 느끼는 순간이 있습니다. 물리, 화학, 수학을 베이스로 이해하여 통합적으로 현상을 설명해야 할 때, 특히 공간적 사고를 바탕으로 천체의 운동을 이해할 때입니다. 특히 천체 단원에서는 주로 이미지나 시뮬레이션 프로그램들(예를 들어 스텔라리움, NAAP Astronomy Labs 등)을 사용합니다.

이 책에서는 천체가 공간에서 움직이는 모습을 구현하기 위해 엑셀 스프레드시트를 이용하여 직접 모델링을 함으로써 과학적 개념을 이해하도록 합니다. 이렇게 구현하기 위해서는 함수를 사용해야 하며, 수학적 개념들을 이용해 식을 작성하게 됩니다. 이를 두고 저자는 다음과 같이 언급합니다.

이제까지 배워 온 수학의 내용을 과학의 내용을 이해하고 표현하기 위해 사용한다는 데에 매우 큰 의의가 있다.

이 책은 서울대학교 대학원 과학교육학과에 재학 중인 대학원생(현직 교사 포함)들이 엑셀프로그램의 스프레드시트를 활용하여 학교에서 배우는 다양한 과학 교과 내용을 학습할 수 있도록 안내하는 책입니다. 수업 시간에 배우는 과학 개념들을 실습을 통해 이해할 수 있도록 개발했으며, 화면 사진과 설명을 통해 책을 보고 따라 할 수 있도록 구성되어 있습니다.

이 책 한 권과 엑셀 프로그램만 있다면 책의 내용을 충분히 따라 하면서 학습할 수 있습니다. 만약 엑셀 프로그램을 설치하기 어려운 경우라면 구글의 스프레드시트를 사용하거나 마이크로소프트 계정을 만들어 원드라이브에서 Excel 통합문서를 열어 학습하는 것도 가능합니다(단, 구글이나 원드라이브를 사용할 경우, 인터넷이 연결된 환경에서 가능합니다).

이 책의 목차를 살펴보면, 어떤 내용들을 학습하는지 알 수 있습니다. 행성의 운동, 일주 운동과 연주 운동, 달의 위상 변화, 도플러 효과, 달의 공전 궤도 구하기, 달력 만들기, 해파 등 지구 과학 시간에 학습하는 내용 외에도 일과 에너지, 피스톤 운동, 포물선 운동, 화학평형, 산-염기 적정 곡선 등 물리와 화학 시간에 학습하는 개념들도 있습니다.

따라서 학습하고 싶은 내용을 선택하고, 책에 제시된 사진들과 설명을 보며 차근차근 실습해 보기 바랍니다. 학습 도구로 엑셀을 사용하는 것이 익숙지 않을 수도 있고, 이를 표현하는 과정에서 수학적 개념을 떠올려야 하는 것이 까다롭게 느껴질지도 모르지만 완성하고 나면 큰 성취감을 느끼게 될 것입니다.

생기부 후속 활동으로 확장하기

스타브릿지 센터에서 제공하는 탐구활동자료 활용하기

이 책에서 제공하는 과학 교육 자료 외에, 서울대학교 스타브릿지에서도 해양학 관련 과학 교육 자료들을 제작했습니다. 파이썬을 활용한 엘니뇨-남방진동 데이터 시각화 탐구활동, 공공플랫폼을 활용한 조석 데이터 시각화 프로그램(구글 데이터 스튜디오 활용), 파이썬을 활용한 조석 위상 지연 데이터 시각화 프로그램 등 다양한 탐구 활동 자료를 제공하고 있으니 적극 활용해 보기를 바랍니다.

선생님도 교사 연수를 통해 스타브릿지센터에서 개발한 탐구 활동들을 실습해 보았습니다. 학생들이 지구과학 시간에 학습한 내용을 이해하는 데 도움이 되는 것은 물론이고, 데이터를 처리하고 시각화하며 자료를 분석하는 활동을 통해 과학적 탐구 능력을 향상할 수 있으리라는 생각이 들었습니다. 그러니 여러분도 체험해 보기를 권합니다.

기회가 있다면, 이렇게 학습한 개념을 바탕으로 발표를 진행해 보아도 좋겠습니다. 특히 교대나 사대를 목표로 하는 학생들이라면, 수업 지도안을 작성하고 탐구활동지와 학습지를 작성하여 진행해 봅시다.

| 참고 사이트 |

❖ 서울대학교 스타브릿지센터

⇨ 커뮤니티 〉 센터자료

탐구활동지 제작하기

이 책에서는 독자들이 책에서 제시한 모델링 과정을 보고 직접 실습할 수 있도록 탐구 방법을 설명하고 있습니다. 여기서 끝내지 말고, 여러분이 모델링한 것을 이용해 어떤 개념들을 이해할 수 있는지 탐구활동지를 직접 제작해 보기 바랍니다. 각 단계별로 수행한 결과를 캡처하여 나타내고, 탐구 결과를 작성합니다. 탐구활동지에 질문을 제시하여 본인이 모델링한 것, 또는 시각화하여 나타낸 자료를 학습 개념과 연결 짓도록 합니다.

탐구활동지의 양식이나 질문의 내용이 궁금하다면 가장 먼저 참고할 것은 교과서입니다. 교과서의 탐구활동 부분을 활용하기 바랍니다. 교과서 외에 참고가 더 필요하다면, 다음에 이어지는 BOOK 29에서 소개하는 실험서들을 살펴보기 바랍니다.

과제 연구

탐구 활동을 실시하며 엑셀(스프레드시트)의 사용법과 몇 가지 모델링하는 방법을 익혔을 것입니다. 파이썬이나 구글 데이터 스튜디오 사용법, 스타브릿지에서 제공한 프로그램의 사용법 등도 익혔다면 이제는 이 도구들을 활용해 과제연구를 진행해 봅시다.

교과서에 나오는 학습 개념 중 한 가지를 모델링으로 구현해 보거나 데이터를 시각화하는 탐구 활동을 개발하는 활동을 해볼 것을 추천합니다. 실제로 학교에서 천체의 운동을 학습할 때, 스텔라리움 프로그램을 이용해 일주운동과 연주운동 탐구 활동을 실시한 적이 있습니다. 이때 수행평가로, 학생들이 스텔라리움의 기능을 탐색하여 천체의 운동을 이해하는 탐구활동지를 개발하도록 했습니다. 행성의 겉보기 운동, 일주운동, 연주 운동뿐만 아니라 아날렘마 등 다양한 주제의 탐구활동지를 개발한 모습을 볼 수 있었습니다.

덧붙이자면 선생님은 구글 데이터 스튜디오를 사용하면서, 지진 관측 자료를 버블맵으로 시각화하는 탐구 활동을 개발하고 싶다는 생각이 들었습니다. 지구물리학이나 지질학에 관심이 있는 학생들은 지진 관측 자료를 이용해 탐구 활동을 개발해 보기 바랍니다.

실습을 하면서 다른 분야에 궁금증이 생겼다면 해당 주제를 바탕으로 과제 연구 활동으로 이어 나가는 것도 좋습니다. 대기 관측 자료는 기상자료개방포털에서, 해양 관측 자료는 국립해양조사원이나 JOISS에서 구할 수 있습니다.

│ **참고 사이트** │
❖ 기상자료개방포털(data.kma.go.kr)
❖ 국립해양조사원(www.khoa.go.kr)
❖ JOISS(www.joiss.kr)
❖ 기상청 지진 관측 자료
❖ 실시간 지진 현황

✿ 관련학과

과학교육과, 천문학과, 물리학과, 화학과

📑 같이 읽으면 좋은 책

《참탐구를 위한 천체 관측 활동》(최승언 외 | 교육과학사 | 2018)

《모두의 데이터 분석 with 파이썬》(송석리, 이현아 | 길벗 | 2019)

BOOK 29

《최신 지구과학 실험서》
이효녕, 김승환 | 경북대학교출판부 | 2019

《해양학 및 지구물리학 실험》
장유순 | 공주대학교출판부 | 2022

《STEAM 교육을 위한 융합과학실험》
김인수 외 | 참과학 | 2013

지구과학 실험이 궁금한 친구들을 위한 책

과학고나 과학중점고등학교에서는 실험 교과가 개설되지만, 일반 고등학교는 그런 경우가 드뭅니다. 그래서 학교 간 공동교육과정을 통해 실험 교과와 고급 과학 수업들을 주로 이수합니다. 학교 간 공동교육과정 수업을 이수하기 어렵거나 신청하지 못했다면, 과학 동아리 활동을 통해 여러 실험을 수행하는 것이 가장 현실적입니다. 하지만 어떤 실험을 하면 좋을지부터 막막해하는 학생들이 많지요. 교과서에 탐구 활동으로 제시된 실험들 외에 다른 실험을 추가로 진행해 보고 싶을 때 참고가 될 만한 좋은 책 세 권을 추천합니다.

먼저 《최신 지구과학 실험서》는 크게 지구·지권의 탐구, 대기·해양의 탐구, 우주의 탐구로 나뉘어 각각 다양한 실험을 소개합니다. 고등학교 지구과학 교과 내용을 탐구하기 좋은 실험들이 대부분이며, 대학 수준의 기초 지구과학 실험 실습에 적용되는 실험들도 있습니다.

《해양학 및 지구물리학 실험》은 해양학 실험과 지구물리학 실험으로 나뉘어 각 범주에 해당하는 여러 실험, 또는 자료 분석 탐구 활동들을 소개합니다. 구글어스, odv 프로그램을 활용한 실습 및 분석과 실제 데이터를 직접 그래프로 나타내 분석하는 탐구 활동들을 수행합니다. 두 책에는 탐구 방법과 탐구 결과, 탐구 질문들이 있어 탐구를 통해 결과를 정리하고 결론을 도출하여 학습 개념을 이해하는 데 도움이 됩니다.

《STEAM 교육을 위한 융합과학실험》은 물리, 화학, 생명과학, 지구과학의 다양한 실험들을 다룹니다. 중학교와 고등학교 수준에 해당하며, 특히 동아리 활동에서 수행하기 좋은 실험들이 소개되어 있습니다.

생기부 후속 활동으로 확장하기

실험 수행 및 탐구보고서 작성하기

여러 실험을 수행하는 과정에서 실험 기구 사용법이나 조작 능력 등을 기르는 것도 의미 있지만, 반드시 탐구보고서를 작성하여 실험 결과를 객관적으로 기록하고 실험 결과를 분석하는 활동이 중요합니다. 실험이 잘되지 않았다면 그 이유는 무엇일지 분석하는 것도 포함되어야 합니다. 원인을 찾고 수정하여 다시 실험을 실시하는 과정까지 이어지면 더욱 좋습니다.

교과서 실험 중에서도, 수업 시간에 배운 이론대로 결과가 나올 것 같지만 그렇지 않을 때가 있습니다. 실제로 수업 시간에 심층 순환 실험을 실시했을 때가 그런 경우였습니다. 실험을 맡은 학생들은 사전 실험이 필요 없다고 할 정도로 당연한 결과를 예상했었습니다. 하지만 변인통제해야 할 요인들이 여러 가지라는 것을 놓치는 바람에 예상과 다른 실험 결과가 발생했습니다. 그래서 이 결과를 거꾸로 활용하여, 각 조마다 다시 실험을 설계하고 수행하여 결과를 관찰하도록 했습니다. 학생들은 여기서 나타나는 특징들을 과학적 원리를 이용해 설명하는 탐구보고서를 작성했지요. 선생님이 "이제 그만해도 좋다"고 하는데도 아이들은 다른 궁금증을 해결하기 위해 또 다른 실험을 설계해 수행했습니다. 나중에 학생들이 가장 재미있는 실험으로

꼽았던 것이 바로 이 심층순환 실험이었습니다.

탐구 활동 개선하기

책에서 소개하는 실험 활동을 수행할 때, 다른 도구를 사용하거나 방법을 조금만 수정하면 실험이 훨씬 쉬워질 수 있습니다. 그 방법을 찾는 과정이 곧 '탐구 활동을 개선'하는 것이지요.

「지구과학Ⅱ」 수업을 하면서 전향력의 원리를 알아보는 실험을 실시합니다. 우드락과 할핀, 지구의 반구가 단면으로 표현되어 인쇄된 ohp 용지를 이용하여 북반구와 남반구에서 전향력이 작용하는 방향을 알아보는 탐구활동입니다. 두 명이 짝을 지어 한 명은 ohp 용지를 돌리고, 한 명은 일직선으로 선을 그으며 실험을 수행해야 하는데 그 과정에서 자꾸만 친구 손에 사인펜을 긋게 되는 것이 문제였습니다. 불편하다는 학생들의 이야기가 계속되자 '개선 방법을 직접 고안해 보라'고 아이들에게 주문했지요. 그러자 곧 아이디어가 쏟아졌습니다. 남은 우드락을 잘라 할핀과 함께 고정해서 직선을 그릴 때 도움을 받는 방법, ohp 용지에 손잡이를 만들어 붙이는 방법도 있었습니다. 어떤 친구는 선을 그을 때 용지를 반 바퀴 정도만 돌리고, 끝에서부터 중심 쪽으로 선을 그리는 팁을 제안하기도 했습니다.

사실 '전향력 실험 장치'라고 해서, 회전 원판과 구슬이 직선으로 튕겨 나오도록 하는 도구가 있습니다. 이 장치의 원리에 착안하여 여러분이 직접 실험 장치를 개발할 수도 있겠지요. 이 장치는 회전 원판 형태로 되어 있지만, 여러분은 3차원 구 형태로 장치를 개발하여 전향력을 새로운 각도에서 이해할 수 있게끔 하는 것도 의미가 있을 것입니다.

이렇게 '탐구활동 개선하기' 과정에서 실험 장치를 개발하는 단계까지 나아간다면, 발명품 대회나 과학전람회까지 연계할 수 있는 과제연구를 완성할 수 있습니다.

🔗 **관련학과**

지구과학교육과, 해양학과, 지질학과

📖 **같이 읽으면 좋은 책**

《지구과학을 위한 차근차근 파이썬 코딩 실습》(심성보 외 | 좋은땅 | 2023)

BOOK 30

《한 권으로 마스터하는 항공 기상》

하수동 | 경문사 | 2021

항공 관련 진로를 희망하는 학생들의 필독서

선생님이 현재 근무하는 지역이 공항과 가까워서인지, 학생들의 진로를 조사하니 유독 항공과 관련한 진로를 희망하는 학생들이 많았습니다. 조종사(파일럿), 항공교통관제사, 항공 정비, 승무원 등 항공 관련 진로는 다양합니다. 만약 항공 운항 분야에서 일하고 싶다면 반드시 지구의 대기에 대해 알아야 합니다. 이륙부터 착륙까지 비행 단계에서 기상 현상의 영향을 받기 때문에, 기상으로 인한 사고 방지와 안전한 항공 운항을 위해서는 반드시 항공 기상에 대해 알아야 합니다.

이 책은 조종사, 항공교통관제사, 운항관리사를 준비하는 사람들을 위한 지침서입니다. 항공 기상에 대한 내용을 중심으로 항공 운항 시 주의해야 할 사항들, 항공 관련 법들을 안내합니다. 이 책을 읽을 때는 대기과학 개념을 정확히 이해하는 것과 함께, 항공 운항과 관련된 내용에 중점을 두면 좋겠습니다. 해당 개념을 이해했다면 항공 운항에서 왜 그 개념을 알고 있어야 하는지, 잘못 알았을 때 발생할 수 있는 위험이 무엇인지, 실제 사고 사례가 있었는지 등에 대해서도 관심을 가지고 알아보았으면 합니다.

이 책에서 소개하는 기상학에는, 지구 대기의 수직 구조와 지구 대기의 성분, 열과 온도, 지구의 열수지, 역전층의 종류, 기압, 밀도, 바람(지균풍, 경도풍, 지상풍, 온도풍), 대기 안정도, 구름 등「지구과학Ⅰ」,「지구과학Ⅱ」과목에서 배우는 학습 내용들이 등장합니다. 또, 각 파트마다 항공과 관련해 알아야 할 내용들을 부가 설명하고 있습니다.

몇 가지 사례를 설명하자면 다음과 같습니다. 기온은 항공기의 성능에 영향을 미치는 중요한 요소입니다. 항공기에 장착된 온도계는 센서의 장착 위치에 따라 오차가 발생하고, 빠른 속도로 비행하는 중에는 마찰열로 인해 오차가 커지기 때문에 정확한 외기 온도를 측정할 수 없다고 합니다. 따라서 항공기의 속도와 온도계의 센서로 관측한 온도를 이용해 외기 온도를 추정해야 하는데, 여기서 계산식을 통해 온도의 측정값을 변환하는 과정을 설명합니다.

기압 또한 항공기의 성능에 큰 영향을 미치는 요소입니다. 책에서는 기압과 관련해 항공 운항 시 주의해야 할 사항들과 밀도 고도를 정밀하게 계산해야 하는 경우 등을 안내합니다. 기압 차이에 따른 고도계 오차와 기온 차이에 따른 고도계 오차의 경우를 통해 위험한 상황이 발생할 수 있음을 설명하고, 전이고도 이하에서 최신기압으로 고도계를 수정해야 하는 이유도 책을 통해 알 수 있습니다. 또, 다양한 난기류 발생 조건들과 난기류로 인한 사고 사례, 뇌우, 태풍으로 인한 사고 사례 등도 실려 있습니다.

이 책을 읽은 후에는 책에서 제공한 자료의 출처가 되는 사이트에서 직접 자료들을 찾아보고, 심화 학습하는 시간을 가져보는 것을 추천합니다. 기상청 날씨누리 사이트를 방문하면 '영상 · 일기도' 카테고리에서 기상위성 영상과 일기도를 확인할 수 있습니다. 일본 기상청에서는 위험기상 예상도를 비롯한 항공 기상 정보들을 제공하고 있으며 또, 우리나라에서 운영하는 항공운항지원 기상서비스에서는 중요기상예보SIGWX를 비롯해 다양한 항공 기상 지원 서비스들을 확인할 수 있습니다.

이 책에 소개된 내용들은 고등학교에서 학습하는 대기과학 내용 이상의 것들을 담고 있습니다. 항공 관련 진로를 희망하는 학생들이라면 반드시 다음 과목들을 선택할 것을 권장합니다. 2022~2024학년도 1학년까지는 「지구과학Ⅰ」(일반선택), 「지구과학Ⅱ」(진로선택)를, 2025학년도 1학년부터는 「지구과학」(일반선택), 「지구시스템과학」(진로선택) 과목을 이수하는 것을 추천합니다.

| 참고 사이트 |

❖ 기상청 날씨누리(www.weather.go.kr)
❖ 항공운항지원 기상서비스(global.amo.go.kr)
❖ 일본 기상청(www.data.jma.go.jp/airinfo)

생기부 후속 활동으로 확장하기

주제 탐구 발표1 : 주요 용어 해설 비교를 통한 심화 학습

이 책의 뒷장에는 '주요 용어 해설'이 설명되어 있습니다. 기상청의 최신 대기과학 용어사전, 항공기상청의 항공기상 용어사전, 지구과학 교과서 속 용어들을 비교해 보는 활동을 추천합니다. 해당 개념에 대한 심화 학습 후 주제 탐구 발표 활동을 진행해 봅시다. 예를 들어 이 책의 390페이지에 '자기 편차^{Magnetic}

variation'라는 용어가 나옵니다. 지구과학 시간에는 '편각Magnetic Declination'이라는 용어를 사용하지요. 편각에 대해 중점적으로 조사해 보며 항공에서 진북과 자북의 차이를 이해해야 하는 이유에 대해 알아봅니다. 미국 해양대기청NOAA에서는 세계자기모델을 발표하고 있습니다. 홈페이지에 들어가 자료들을 살펴보고 '지구 자기장과 변화' 또는 '지구 자기장과 항공 운항'이라는 주제로 주제 탐구 발표를 진행해 보는 활동으로 이어 나갈 수 있습니다.

주제 탐구 발표2 : 위험기상 예상도 수집 및 분석

일본 기상청에서 제공하는 위험기상 예상도와 우리나라에서 제공하는 일기도를 비교하여 수집한 기간의 기상 현상에 대해 기록합니다. 하루만 하지 말고 장기간에 걸쳐 기록할 것을 권합니다. 장기간에 걸쳐 꾸준히 분석하면 다양한 악기상에 대해 알게 되는 것이 많으리라 생각합니다. 위험 기상 예상도에 표시되는 기상 현상들과 이로 인한 항공 사건 사고들로는 어떤 것들이 있었는지, 항공 운항 시 주의해야 할 사항은 무엇인지 알아봅니다.

주제 탐구 발표3 : 항공 운항과 관련한 이슈 소개

❖ 인공지능과 빅데이터를 활용한 항공 운항 및 항공 안전

사례들을 조사합니다. 인공지능을 이용한 항공 관제 시스템, 빅데이터 분석을 이용한 항공 교통 시스템과 공항 용량 관리 등에 대해 알아봅시다.

❖ 항공기 탄소 배출 감축에 대해 조사해 봅시다. 항공사의 ESG 경영, 친환경 항공유, SAF 개발, 저탄소 항공기, 수소 항공기 등에 대해 조사하고 우리나라 항공사와 세계 항공사들의 현황과 정유사들의 지속가능 항공유 개발에 대해 조사하여 최신 기술 현황에 대해 알아봅니다.

과제 연구

MBL 기기, 마이크로비트 등을 활용해 기온, 습도, 풍속 등을 측정하는 활동을 실시할 수 있습니다. 여러 장소에서 기상 관련 물리량들을 측정하고 분석하는 활동, 혹은 한 장소에서 여러 날에 걸쳐 꾸준히 데이터를 측정하고 분석하는 활동을 한 후 궁금한 부분에 집중하여 연구 주제로 삼고 과제 연구 활동으로 이어 나갈 수 있습니다. 항공 운항과 연결 지을 것이라면 모형을 제작하여 실험해 보거나, 시뮬레이션을 이용해 실험하는 연구 주제를 선정해 보세요. 기온, 습도, 풍속 혹은 미세먼지를 측정하여 연구하는 경우, 도움이 될 사이트를 소개합니다. '지능형 과학실 on'이라는 사이트입니다. 사이트 내 양식을 통해 탐구 계획서를 작성하는 데 도움을 받을 수 있습니다. 또, '공동탐구'를 통해 다른 지역에서 탐구를 진행하고 있는 학생들의 데이터를 함께 공유해 연구하는 것도 가능합니다. 이미 탐구를 진행한 학생들의 연구 결과를 볼 수 있다는 것도 장점입니다.

| 참고 사이트 |

❖ 지능형 과학실 on(science-on.kofac.re.kr)

콘텐츠 제작하기

이 책을 통해 알게 된 내용들과 평소 관심 있게 알아 두었던 내용을 종합하여 콘텐츠를 제작해 소개하는 활동을 해봅시다. 콘텐츠를 제작할 때 도움이 되는 사이트를 소개합니다. '스팀업 아카데미'입니다. 수업 시간에 탐구 활동으로 진행하거나, 자율 주제 탐구에서 개별 산출물을 제작할 때 활용했던 사이트입니다(이 주제에만 해당하지 않고, 다양한 내용으로 콘텐츠를 제작할 수 있으니 다른 주제의 후속 활동에도 적용해 보기 바랍니다).

이 사이트를 활용하여 콘텐츠를 제작하는 구체적인 방법도 함께 소개합니다.

1. '콘텐츠'를 눌러 여러 창작자들이 제작한 콘텐츠들을 살펴보며 탐색한다. 이후 내가 만들 콘텐츠는 어떤 학습 도구를 사용하여 제작하면 좋을지 생각해 보고, '튜토리얼'을 통해 학습 도

구의 기능을 살펴본다.

2. '학습도구'의 여러 기능을 활용해 직접 콘텐츠를 제작하고 이를 소개하는 활동을 진행한다. 항공 기상, 항공기 엔진, 항공 운항과 관련한 내용을 설명하는 콘텐츠를 제작할 수 있다.

   ⇨ '학습도구'의 'cube' 기능을 사용해 3D 모델을 만든다. 항공기 기체 구조, 항공기 엔진 구조를 제작해 본다.

   ⇨ '학습도구'의 'math2d' 또는 'science2d' 등 다양한 기능을 이용해 항적 난기류의 영향을 설명한다.

   ⇨ '학습도구'의 'workbook' 기능을 이용해 자신이 제작한 콘텐츠를 자세히 설명하는 슬라이드를 제작한다. 이때 콘텐츠를 삽입하여 구조나 기능들을 직접 설명할 수 있다.

| 참고 사이트 | .

❖ 스팀업아카데미(www.steamupacademy.com)

항공 운항 시뮬레이션 체험 부스 운영

학교 축제 때 항공 동아리 친구들과 '항공 운항 시뮬레이션 체험 부스'를 운영한 적이 있습니다. 모형 조종기와 항공 운항 시뮬레이션 프로그램이 탑재된 데스크탑을 대여해 실감 나는 체험을 선보였고, 여러 학생들이 참여하는 곳에서는 여러 대의 태블릿을 활용해 항공 운항 시뮬레이션 어플인 'infinite flight'

를 이용해 체험 프로그램을 진행했습니다.

당시 정보 동아리에서는 직접 제작한 게임을 체험하는 부스를 운영했는데, 정보 동아리와 연합하여 프로젝트를 진행해도 좋겠다는 생각을 했습니다. 혹은 동아리에서 코딩과 게임 제작 활동을 함께 학습하고, 항공 기상과 연계한 항공 게임을 개발해 축제 때 체험 부스를 운영하는 것도 좋겠지요. 아래의 내용을 참고하여, 여러분도 활용해 보면 좋겠습니다.

고도계의 오차 보정과 관련한 내용을 시뮬레이션 게임으로 개발한다. 전이고도 이하에서 최신 기압으로 고도계를 수정하지 않을 때 발생하는 위험 상황을 보여주거나 이러한 상황이 생기지 않게 무엇을 조정해야 할지 테스트하는 게임을 제작한다. 기압이 높은 지역에서 기압이 낮은 지역을 지날 때 저고도에서 장애물과 충돌할 위험성이 있는 상황을 재현하고, 이 단계를 통과했다면 다음 레벨을 진행한다. 고도계를 최신기압으로 수정하더라도 국제표준대기보다 기온이 낮은 지역을 지날 때 고도계가 지시하는 고도보다 실제로 더 낮은 곳을 지나는지, 높은 곳을 지나는지 확인할 수 있도록 한다. 플레이어들은 게임을 통해 항공 기상 내용을 학습할 수 있다.

관련학과

항공운항과

⇨ 진로 희망 분야 : 조종사, 운항관리사, 항공교통관제사

같이 읽으면 좋은 책

《알기 쉬운 대기과학》(한국기상학회 | 시그마프레스 | 2020)

《알기 쉬운 항공역학》(나카무라 간지 | 북스힐 | 2017)

《천재들의 과학노트 6 대기과학》(캐서린 쿨렌 | 지브레인 | 2017)

[잡지] 《월간항공 AEROSPACE KOREA》(월간항공편집부)

BOOK 31

《날마다 구름 한 점》

개빈 프레터피니 | 김영사 | 2021

아름다운 구름 한 점에 과학 원리를 담다

책을 펼치면 아름답고 신기한 구름 사진들이 모든 페이지에 가득 자리를 잡고 있습니다. 그래서 천천히 음미하며 책장을 넘기게 되지요. 편안하게 책을 봤다고 생각하지만, 책을 덮고 나면 구름에 대해 많은 것들이 머릿속에 남게 됩니다.

이 책은 하늘에서 볼 수 있는 아름다운 구름과 광학 현상들을 소개합니다. 구름과 어우러진 멋진 풍경 사진, 좀처럼 보기힘든 독특한 구름 사진, 하늘에서 볼 수 있는 광학 효과, 그 과학적 원리 등 구름과 관련한 갖가지 상식들이 담겨 있습니다.

혹시 길을 가다가 하늘이 펼치는 아름다운 광경을 목격했는데, 그게 무슨 현상인지 모른 채 그냥 지나간 경험이 있나요? 이 책을 한 장 한 장 천천히 보면서 이전에 봤던 신기한 기상 현상을 되짚어 보거나, 구름의 이름을 확인하고 이 구름의 모양이 어떻게 만들어지는지 알아보기 바랍니다. 또, 이 책에서 알게 된 신기한 현상이나 새롭게 알게 된 상식들, 더 알아보고 싶은 내용이 있다면 기록하면서 읽어 보기 바랍니다.

아는 만큼 보인다는 말을 실감했던 경험이 있습니다. 바로 달무지개를 봤을 때입니다. 선생님은 몰라서 똑같은 하늘을 보고도 발견하지 못했지만, 옆에 있던 다른 선생님은 보자마자 유레카를 외치듯 이 신기한 현상을 포착했습니다. 달무지개만으로도 귀한데, 심지어 초승달과 상현달 사이에 만들어진 달무지

〈 하와이 할레아칼라에서 봤던
달무지개 〉

〈 아이슬란드에서 봤던
렌즈상 구름 〉

개였습니다. 옆의 동료 덕분에 선생님도 희미한 달무지개를 찾아 촬영할 수 있었지요. 여러분은 이 책을 통해 대기의 아름다운 현상들을 미리 알아두었다가, 마주치는 순간에 바로 알아차리길 바랍니다.

생기부 후속 활동으로 확장하기

주제 탐구 발표1 : 특이한 구름들과 형성 원리 소개하기
특이한 구름이 형성되는 원리, 또는 광학 효과로 만들어지는 아름다운 현상들에 대해 소개해 봅시다.

❖ 매년 9월~3월에 호주 북부의 티위 제도에 나타나는 희귀한 천둥 구름, '헥터 더 컨벡터'의 생성 원리
❖ 2006년 미국 아이오주에서 처음 포착된 이후, 새로운 구름 유형으로 정식 분류된 거친물결구름asperitas
❖ 인공적으로 만들어지는 비행운(항공기 응결 흔적)
❖ 다이아몬드가루, 두루마리 구름, 렌즈상 구름, 야광 구름 등 특이한 형태의 구름
❖ 무지개, 채운, 천정호, 환일 현상 등의 무리 현상

주제 탐구 발표2 : 구름 응결핵 관련 조사하기

구름의 응결핵으로 작용하는 입자들을 조사하고, 미세조류가 구름 응결핵으로 작용한 내용과 관련한 연구를 해봅시다.

이 책에는 광합성을 하는 플랑크톤이 공기 중으로 배출하는 기체와 입자가 구름의 물방울이 응결할 수 있는 씨로 작용해 구름을 형성하는 내용이 나옵니다. 지구온난화로 인해 증가한 미세조류가 구름을 더 많이 만들어 지구를 냉각시키는 역할을 한다는 연구가 있습니다. 2021년 극지연구소에서 이 과정을 규명하였습니다. 미세조류가 내뿜은 디메틸황이 구름 응결핵으로 작용해 구름의 양이 증가했다는 것입니다.

이처럼 관련 내용들을 조사하다 보면 구름과는 관련이 없는 새로운 사실들을 발견하게 될 것입니다. 그 내용을 발견하기 위해 여러분이 어떤 것에 호기심을 가지고 자기주도적으로 학습했는지를 보여주는 발판으로 삼았으면 합니다. 예를 들어 구름의 응결핵을 조사하다 보면 응결핵을 이용해 지구온난화를 해결하고자 하는 지구공학 내용을 알게 될 것이고, 미세조류로 인한 구름 생성에 관해 조사하다 보면 미세조류의 얼음단백질에 대해 알게 됩니다.

주제 탐구 발표3 : 항공 운항 시 위험한 구름들 소개하기

항공 운항과 관련한 구름들을 소개할 때는 '항공 기상' 책과 함께 연계하여 공부하는 것을 추천합니다. 산악파와 항공 운항, 산악파가 나타나는 곳에서 자주 발생하는 렌즈상 구름의 형성 원리 등을 소개할 수 있습니다. 우리나라 제주도에서도 종종 렌즈상 구름이 관측됩니다.

구름 분류 프로젝트 활동

동아리 친구들과 함께 구름 사진들을 촬영하고, 구름 분류 체계에 맞춰 분류하는 활동을 프로젝트로 진행해볼 것을 추천합니다. 이후 분류한 구름 사진들과 특이한 구름 사진들을 전시하는 활동으로 연결해 봅시다. 구름을 분류할 때 도움이 될 만한 사이트를 소개합니다.

| 참고 사이트 |

❖ 리얼스타의 포토갤러리(earth1004.tistory.com)
지구과학 선생님이 운영하는 블로그입니다. 구름 사진뿐만 아니라 지질학, 천체 관측 등 지구과학을 공부하는 과정에서 참고할 수 있는 사진들이 많은 곳입니다. '과학 사진 〉구름의 분류' 게시판의 사진들을 구름 분류 시 참고하기 바랍니다.

과거의 기상 현상 과제 연구

기상청에서는 《삼국사기》와 《삼국유사》에 기록된 10세기 이전, 우리나라의 기상 관측 기록을 책으로 엮어 발간하고 있습니다. 기상연구소 홈페이지에서 누구나 전자책 형태로 볼 수 있습니다(소통알림 〉 홍보자료에서 다운로드). 기상자료개방포털에서도 조선왕조실록과 각사등록 문헌에서 발췌한 과거 기상 현상들을 찾아볼 수 있습니다(역사기후 〉 역사자료). 이 자료들을 토대로, 우리나라의 특이한 기상 현상들에 대한 역사적 기록을 분석하는 과제 연구를 진행해 봅니다.

| 참고 사이트 |

❖ 기상연구소(www.nimr.go.kr)

❖ 기상자료개방포털(data.kma.go.kr)

관련학과

대기과학과, 대기천문학과, 항공운항과

같이 읽으면 좋은 책

《알기 쉬운 대기과학》(한국기상학회 | 시그마프레스 | 2020)

《구름을 사랑하는 기술》(아라키 켄타로 | 쌤앤파커스 | 2019)

《한권으로 마스터하는 항공 기상》(하수동 | 경문사 | 2021)

BOOK 32

《바다의 생물, 플라스틱》

아나 페구 외 | 살림어린이 | 2020

인류를 위협하는 최악의 바다 생물을 마주하다

제목에서 공언하듯, 이 책은 플라스틱을 '바다의 생물'이라 고 표현합니다. 바다에 버려진 플라스틱이 너무도 많아 하나의 생물 종으로 분류해야 할 지경이라는, 자조 섞인 표현입니다. 저자는 이 신종 생물을 깊이 있게 연구하기 위해 '플라티쿠스 마리티무스'라는 학명까지 붙입니다. 이처럼 재미있는 발상과 더불어 해변에서 쓰레기를 줍는 '비치코머'로 활동하며 겪은 저 자의 경험담을 책에 담았습니다.

어린이들도 읽을 수 있게 만든 책이라, 나레이션을 읊듯 구어체로 쉽게 풀어 냈습니다. 여기에 색연필로 그린 듯한 삽화까지 곁들여 사랑스러운 느낌마저 드는 책이지요. 쉽게 읽히지만 우리가 처한 상황의 심각성을 낱낱이 들여다보게 되어 읽을수록 마음이 무거워집니다.

저자가 바다에 발생한 여러 문제 중 하필 플라스틱에 집중한 이유는 무엇일까요? 이 책을 읽으면서 바다의 플라스틱 문제와 플라스틱 재활용의 문제, 우리가 할 수 있는 일들에 대해 확인해 보기 바랍니다.

이 책을 읽은 후에는 바닷가 쓰레기 수거 및 환경 관련 캠페인으로 이어지는 봉사활동과 바다 쓰레기 문제가 얼마나 심각한지 알아보는 과제연구 등으로 후속 활동을 진행할 수 있습니다. 봉사활동의 경우, 학교 교육계획에 의한 봉사활동만 대입에 반영되기 때문에, 학생 주도 프로젝트 봉사활동으로 여러분이 직접 기획해 보기 바랍니다. 실제로 위에서 제시한 과제연구를 지도한 적이 있습니다. 바다에 버려진 쓰레기의 양과 쓰레기 유형을 알아보기 위해 해양환경 정보포털(www.meis.go.kr)을 이용했습니다. '해양폐기물' 탭에서 해양 쓰레기 현황을 알아보고, '해양환경 지도' 탭에서 각 해안의 쓰레기 개수, 무게 등을 조사하여 선행 연구 분석을 진행했습니다.

이후 학생들과 함께 영종도에 있는 선녀바위 해수욕장에 가서 직접 쓰레기를 줍고, 해변의 모래를 퍼 왔습니다. 학교에 도

착한 뒤 쓰레기들을 유리, 플라스틱, 스타이로폼, 비닐, 의류 등의 유형으로 나누어 개수를 셌고, 이를 그래프로 나타냈습니다. 선행 연구 분석에서처럼 실제로도 플라스틱이 가장 많은 비율을 차지했습니다. 병 뚜껑, 플라스틱 병, 장난감, 빨대, 일회용 숟가락 등 다양한 종류의 플라스틱 쓰레기가 많았습니다.

그렇다면 모래에는 정말 미세 플라스틱이 있었을까요? 해수욕장에서 퍼 온 모래를 박편으로 제작해 현미경으로 관찰한 결과, 마이크로비즈라고 불리는 미세 플라스틱들이 관찰되었습니다. 직접 쓰레기를 줍고 개수를 세어 보고, 미세 플라스틱을 눈으로 확인하고 나니 바다의 플라스틱 문제가 피부로 와닿았습니다.

플라스틱 문제가 심각하다는 것은 누구나 알고 있습니다. 하지만 직접 쓰레기를 주워 보면 절대 다른 사람들이 쓰레기를 그냥 버리도록 두지 않을 것입니다. 눈으로는 보이지 않던 미세 플라스틱을 현미경을 통해 확인하고 나면, 미세 플라스틱이 이미 바다에 있는 생물들 몸에 축적되어 결국 생물농축 현상으로 우리 몸에까지 쌓이게 될 것이라는 경각심이 듭니다. 다른 사람들도 동참하게 만드는 것은 참으로 힘듭니다. 여러분이 후속 활동으로 진행하여 알게 된 심각성을 캠페인을 통해 알리기 바랍니다.

생기부 후속 활동으로 확장하기

쓰레기 수집 후 분석하기

걸으면서 쓰레기를 줍는 활동을 '플로깅'이라고 합니다. 국립국어원에서는 플로깅을 대체할 말로 '쓰담 달리기'를 선정했고, 많은 사람들은 '줍깅'으로 부르기도 합니다. 이 책에서는 플라스틱 쓰레기를 수집할 때 필요한 준비물과 지켜야 할 규칙, 주의사항 등을 설명합니다. 이를 잘 확인하고 쓰레기를 수거하는 봉사활동을 실시해 봅시다.

수거한 쓰레기를 분류할 때는 '클린스웰clean swell'이라는 앱을 사용할 수 있습니다. 바다에서 주운 쓰레기를 분류하는 용도로 쓰이는 앱인데, 쓰레기의 유형과 개수를 기록하고 쓰레기를 수거한 시간, 위치 기록 등도 남길 수 있습니다. 쓰레기 유형만 확인할 것이라면, 직접 개수를 세어 보고 크기나 질량을 측정하는 편이 간편합니다.

일회용품 사용 규제를 주제로 토론하기

환경부는 2023년 11월 일회용품 사용 규제를 철회했습니다. 과태료 등에 기반해 감축을 강제하는 방식이 아닌 자발적 참여를 유도하는 방식으로 바뀐 것이라고 합니다. 하지만 이에 대한 비판의 목소리도 있었습니다. 환경부의 일회용품 사용 규제 철회에 대한 토론 활동을 진행하고, 여러분이 생각한 정책을 제시해 보기 바랍니다.

주제 탐구 발표

플라스틱 문제를 해결하는 다양한 방법들을 조사하여 최신 연구 동향에 대해 알아 봅니다. 빨리 분해되는 플라스틱, 플라스틱 먹는 벌레에서 찾아낸 분해 효소, 친환경 난연성 탄소 플라스틱, 폐플라스틱에서 수소를 만드는 기술 등 플라스틱 문제를 해결할 관련 연구들을 찾아 보고 과학적 원리를 이해하여 설명해 봅시다.

관련학과

환경과학, 재료공학과

같이 읽으면 좋은 책

《플라스틱 수프》(미힐 로스캄 아빙 | 양철북 | 2020)

《지구를 위한다는 착각》(마이클 셸렌버거 | 부키 | 2021)

독서로 챙기는 생기부 사례

활용 도서
《바다의 생물, 플라스틱》

책《바다의 생물, 플라스틱》을 읽은 후 해양환경정보포털에 나와 있는 해안 쓰레기 모니터링 통계 자료를 활용하여, 데이터를 시각화하고 분석하는 활동을 해봅시다. 이를 통해 해양 쓰레기 문제 중 플라스틱 문제의 심각성을 알아볼 수 있습니다. 또한 실제로 방문이 가능한 해변에서 쓰레기를 수거하고 이를 분류하여 쓰레기 유형과 개수를 확인하여 플라스틱 문제의 실상을 파악해 봅시다. 과세특에서 이루어지는 후속 활동이 생기부의 다른 영역과 연계되도록, 여러분이 느낀 심각성을 바탕으로 학생 주도 프로젝트 봉사활동을 계획하여 실천하고 여러분 또한 사회에 영향을 미치는 경험을 해봅시다.

학생 활동 보고서 작성 예시

탐구 주제	해양 쓰레기 유형별 비율 확인

탐구 방법	**1. 쓰레기 유형별 비율 확인** 1) 해양환경정보포털(www.meis.go.krportal/main.do) 접속 2) [해양 폐기물]-[국가해안쓰레기]-[해안쓰레기 모니터링 통계] 3) 유형별 통계자료를 통해 쓰레기 유형별 비율을 확인한다. 4) 엑셀 또는 구글 스프레드시트를 활용하여 그래프로 나타낸다. 5) 조사 기간, 조사대상 지역을 변경하여 유형별 해안 쓰레기 자료를 다운로드하여 탐구 목적에 맞게 그래프로 나타낸 후 분석한다. **2. 버블맵을 활용해 지역별 플라스틱 쓰레기 데이터 시각화하기** 1) 조사 대상 지역별 해안 쓰레기 자료를 다운로드한 후 하나의 시트에 지역별 해안 플라스틱 쓰레기 자료를 정리한다. 2) 구글 데이터스튜디오(루커스튜디오)에서 위 자료를 이용하여 풍선지도로 차트를 구성한다. 3) [크기]를 '플라스틱 개수'로, [색상]을 플라스틱량 범위로 지정하여 데이터를 시각화하여 나타낸다. ＊ 상세한 차트 제작 과정은 QR코드 참고 **3. 쓰레기 수집 및 유형별 비율 알아보기** 1) 방문이 가능한 해변에서 쓰레기를 수집한다. 2) 수집한 쓰레기들을 유형별로 분류하여 개수, 질량을 측정한다. 3) 그래프를 작성하여 유형별 비율을 확인한다.

1. 쓰레기 유형별 비율

2018년~2022년의 해안 쓰레기 모니터링 통계 자료를 통해 유형별 비율을 확인한 결과, 쓰레기 개수와 질량에서 '플라스틱' 유형이 각각 88%, 53.6%로 가장 많은 비율을 차지하였다.

탐구 결과

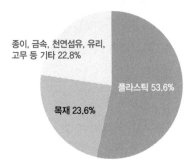

2018년~2022년의 각 연도별 플라스틱 개수와 질량의 비율 변화를 시계열로 나타낸 결과, 대체로 쓰레기 유형 중 플라스틱의 질량이 차지하는 비율은 50% 정도로 비슷하나 플라스틱의 개수가 차지하는 비율은 증가하는 추세를 보였다.

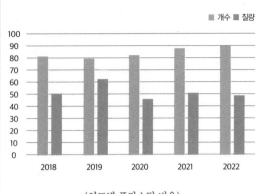

■ 개수 ■ 질량

〈연도별 플라스틱 비율〉

<table>
<tr><td>탐구 결과</td><td>

2. 지역별 해안가의 플라스틱 쓰레기량 비교

풍선 지도(버블맵)를 이용해 지역별 해안가의 플라스틱 쓰레기량과 개수를 나타내었다. 통영 욕지도 해안가에서 플라스틱 개수와 질량이 월등히 큰 것을 알 수 있다.

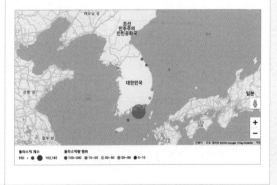

</td></tr>
</table>

탐구 결과	**3. 쓰레기 수거 봉사 및 유형별 비율 확인** 해변에서 직접 쓰레기를 수거하고 유형별로 분류한 후 개수를 기준으로 쓰레기 유형별 비율을 나타낸 결과, 실제로 플라스틱의 비율이 가장 높았다. 플라스틱 외에도 목장갑, 옷과 같은 섬유도 있었으며 유리병 조각들과 폭죽 쓰레기들이 많이 있었다. 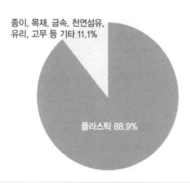 종이, 목재, 금속, 천연섬유, 유리, 고무 등 기타 11.1% 플라스틱 88.9%
활동 소감	책 '바다의 생물, 플라스틱'(아나 페구)을 읽고 실제로 우리나라 해안가에 있는 쓰레기 중 플라스틱이 가장 많은지 궁금하여 국내 모니터링 데이터를 이용해 해안가 쓰레기 유형별 비율을 확인한 결과 개수와 질량 측면에서 모두 플라스틱이 압도적으로 많음을 알 수 있었습니다. 이후 연도별로 쓰레기 유형의 비율이 어떻게 달라지는지 알아보았고, 해마다 플라스틱 쓰레기 개수의 비율이 증가하는 추세를 보임을 알 수 있었습니다. 지역별 플라스틱의 개수와 질량을 버블맵으로 시각화하여 나타낸 후 통영 욕지도에서 플라스틱량이 월등히 많은 것을 보고 놀랐습니다. 유명한 관광 명소

활동 소감	들의 경우 특히나 해안가에 플라스틱이 많이 배출된 것이라고 생각하였습니다. 실제로 해안가에 가서 쓰레기를 수집한 결과, 플라스틱의 비율이 압도적으로 많았으며 이외에도 유리병 조각, 폭죽 쓰레기 등 관광 후 사람들이 버리고 간 쓰레기들을 확인할 수 있었습니다. 해양 플라스틱 문제를 알리고 플라스틱 사용 감소 및 해안 쓰레기 투기를 막을 수 있도록 사회 참여 활동으로 이어가야겠다는 계획을 세웠습니다. NASA에서 제공하는 위성 데이터와 머신러닝을 이용한 바다 미세 플라스틱 농도를 추적한 자료와 '거대 쓰레기 섬에서 플라스틱이 빠르게 축적되고 있는 증거'라는 연구 자료를 통해 우리 눈에 보이는 크기의 플라스틱뿐만 아니라 미세 플라스틱의 농도를 추정하는 방법이 흥미로웠습니다. 미세 플라스틱은 눈에 보이지 않아 그 위험성을 인식하기 어려운데, 모델링 자료를 통해 바다의 미세 플라스틱 문제에 대해 경각심을 가지게 되었고, 추가로 미세 플라스틱의 생체 영향에 대해 알아보았습니다. 관련 내용 중 '미세 플라스틱 체내 흡수 경로'를 밝혀낸 연구 내용이 특히 흥미로웠습니다. 미세 플라스틱은 워낙 입자의 크기가 작아 이동 경로를 포착하는 데 어려움이 있는데, 미세 플라스틱에 방사성 동위원소를 결합하여 쥐에 생체 투여해서 시간 경과에 따른 미세 플라스틱의 이동 경로를 확인하는 방법을 통해 해결한 점이 인상 깊었습니다.

과세특 예시

해양 플라스틱 문제 현황 및 미세 플라스틱 관찰

지구 환경에 영향을 미치는 요인에 관심이 많은 학생으로 표층 해수의 순환을 학습하면서 바람과 해류가 태평양 거대 쓰레기 섬을 형성하는 과정을 설명함. 이후 태평양 거대 쓰레기섬에 관해 조사하여 '위성을 이용한 해양 미세 플라스틱 추적' 관찰 연구를 소개하고 계절에 따른 플라스틱 농도 변화를 바다의 연직 혼합 작용과 관련지어 설명하였고, 위성 레이더를 통해 플라스틱 농도를 측정한 원리를 설명함. '바다의 생물, 플라스틱'(아나 페구)을 읽고 해양 플라스틱 문제를 주제로 실시한 자유 탐구 과정을 설명함. '실제로 우리나라 연안에서도 쓰레기 중 플라스틱이 가장 많을까?'라는 의문을 가지고 데이터를 찾아 분석하는 활동을 실시하였으며 ○○해변에 방문해 쓰레기를 수집한 후 분석한 경험을 소개하는 등 스스로 의문을 해결하기 위해 노력하는 모습을 보여줌. 해안가 쓰레기 모니터링 데이터를 활용하여 원형 차트와 버블맵으로 데이터를 시각화하여 자료를 분석하였으며 그 과정에서 탐구 목적에 부합한 그래프 제작 능력을 보여줌. 또한 다양한 형태의 그래프 종류를 적용하고 찾아내는 과정에서 과학적 사고력과 문제해결 능력을 보임. 자료 분석 결과 관광지의 플라스틱 배출량이 특히 많다고 생각하였으며 해양 쓰레기 및 해양 플라스틱 문제와 관련한 사회 참여 활동에 관심을 가짐. 과학적 참여와 평생학습 능력을 갖춘 학생으로 활동 이후에도 미세 플라스틱에 관한 관심을 이어가 관련 내용을 자기주도적으로 학습함. 학기말 자유 주제 탐구에서 미세 플라스틱 체내 흡수 경로를 밝힌 연구 사례와 마이크로비즈 사용 규제 및 생분해가 가능한 마이크로비즈를 이용한 화장품 연구 사례에 관해 발표함.

학생 주도 프로젝트형 봉사활동 계획서 예시

학생 주도 프로젝트형 봉사활동 계획서

프로젝트명	플로깅 및 플라스틱 문제 알리기 프로젝트					
인적사항 (4)명	학년-반-번호	성명	비고	학년-반-번호	성명	비고
	○○○○○	○○○	학생	○○○○○	○○○	학생
	○○○○○	○○○	학생	○○○○○	○○○	학생

활동 기간 및 시간	2024년 5월 1일부터 ~ 7월 11일까지 (6)일간, 총 (7)시간

활동 동기 및 활동 목표	'바다의 생물, 플라스틱'(이나 폐구)을 읽고 바다 플라스틱 문제를 직접 해결하고, 바다 쓰레기를 직접 수거하여 플라스틱 문제의 실상을 확인하고자 한다. 플로깅을 실시하여 수거한 쓰레기를 분석한 결과와 기사 자료, 연구 자료들을 바탕으로 문제의 심각성을 알리는 홍보 자료를 제작한다. 비치코밍, 플라스틱 문제 해결 토론 등의 체험 부스와 플라스틱 문제 해결과 관련된 과학 기술들을 소개하는 캠페인 활동을 실시한다.

차시	활동일시 (월/일/시)	봉사활동 영역	봉사활동 내용	봉사활동 주관 기관	봉사활동 장소
1	5월 4일 9:00~11:00	환경보호활동	해안가 쓰레기 줍기(플로깅), 쓰레기 유형 분류 및 비율 분석	○○고등학교	○○해수욕장
2	5월 20일 16:40~17:40	캠페인활동	교내 분리수거 중 플라스틱 유형 확인, 해변에서 수거한 쓰레기 자료 분석 결과 포스터 제작, 플라스틱 재활용 교육 자료 제작	○○고등학교	교내
3	6월 1일 9:00~11:00	환경보호활동	해안가 쓰레기 줍기(플로깅), 쓰레기 유형 분류 및 비율 분석	○○고등학교	○○해수욕장
4	7월 10일 16:40~17:40	캠페인활동	비치코밍 준비, 플라스틱 문제 및 해결 관련 연구 사례, 플라스틱 규제 사례 자료 제작	○○고등학교	교내
5	7월 10일 13:00~13:30	캠페인활동	비치코밍 체험 부스 운영, 플로깅 결과 포스터 발표	○○고등학교	교내
6	7월 11일 13:00~13:30	캠페인활동	플라스틱 규제 및 문제 해결 토론 부스 운영, 플라스틱 문제 및 해결 관련 연구 사례 소개	○○고등학교	교내

위와 같이 학생 주도 프로젝트형 봉사활동 계획서를 제출합니다.

2024년 월 일

학생명 : (인)

○○○○학교장 귀하

★ 학생 주도 프로젝트 봉사활동 양식은 학교마다 다르므로, 학교 양식에 맞게 봉사활동 계획을 세워 보기 바랍니다.

PART
6

과학 선생님들이
소개하는
과학 책 읽기

★ ★ ★ ★

MUST-READ FOR
SCIENCE AND ENGINEERING
COLLEGE

BOOK 33

《AI 엔지니어의 모든 것》

AI 엔지니어 연구회 | 아티오 | 2023

AI 엔지니어를 꿈꾸는 학생들을 위한 상세한 가이드

2023년 초여름의 어느 수업 시간에 학생들이 선생님의 이름을 주제로 시를 지어서 보여준 적이 있습니다. 그런데 알고 보니 그 시를 지은 시인은 학생이 아니라 대화형 인공지능 ChatGPT였습니다. ChatGPT의 등장으로, 전공자가 아닌 일반인들도 이제 AI의 시대가 도래했음을 피부로 느끼게 되었습니다. ChatGPT를 필두로 하는 AI는 명실상부 새로운 시대를 이끌어 나가고 있습니다. 선생님이 가르치는 학생들 중에서도

AI 관련 진로를 꿈꾸는 학생은 매년 계속해서 늘어나고 있습니다. 여기에 도움이 되어줄 책을 한 권 소개합니다.

AI 엔지니어 연구회에서 편찬한 이 책은 제목 그대로 'AI 엔지니어'를 주제로 합니다. AI 엔지니어의 하루, 실무 경험 쌓는 방법, 최신 기술에 뒤처지지 않는 방법, 이직을 위한 조언 등 실제 현장에서의 엔지니어 모습과 엔지니어로서 필요한 지식을 상세하게 담고 있습니다. AI 엔지니어 관련 진로를 꿈꾸는 학생들이라면 진로 선택을 하는 데 상당한 도움이 될 듯합니다. 또한, 아주 간단한 AI의 기초 지식부터 AI 시스템과 모델 구축 및 PoC, 시스템 운용까지 학교에서 배우지 않는 심화된 지식까지 다루고 있어, AI 엔지니어의 실무가 어떤 것인지 살짝 들여다보기에 충분합니다.

책의 구성이 교과서 또는 참고서와 비슷한 점도 이 책의 특징입니다. 풍부한 그림과 정리된 표를 다수 활용하여 자칫 어려울 수 있는 내용을 고등학생 수준에서 충분히 이해할 수 있도록 구성했습니다.

이 책은 이렇게 활용해 보기를 추천합니다. AI 관련 진로를 희망하는 학생들은 책을 참고로 하여 구체적으로 진로를 설계해 보세요. 대학 진학까지의 로드맵에서 더 나아가 졸업 후 취업, 나아가 최종 목표까지 담은 로드맵을 그려 보고 이를 공유해 봅시다. 책에서 배운 AI 기본 지식을 토대로 과제 연구나 수행평가 등에 AI를 활용할 수도 있습니다. 연구 과정에서 일러스트를 그리는 데 활용하거나 창의적인 아이디어를 구하는 데도 도움이 될 것입니다.

책에서 밝힌 'IT 기업의 인재 수요에 관한 조사'에 따르면 앞으로 수만 명의 AI 인재가 부족할 것이라고 합니다. 그만큼 많은 학생들이 관련 학과를 지원할 것이라고 예상되는데요, 이 책을 통해 단순히 AI가 무엇인지를 넘어 AI 엔지니어의 실무에 대해 깊이 있게 파악하고 이를 면접에서 드러낸다면 본인의 진로에 대한 진지한 태도와 준비성에 대해 높은 평가를 받을 수 있을 것이라 기대합니다.

생기부 후속 활동으로 확장하기

진로 로드맵 그리기

AI 엔지니어를 준비하기 위한 자신의 계획을 진로 로드맵으로 그려 봅니다. 고등학생 수준에서 본인이 할 수 있는 준비(관련 학과 알아보기, 관련 분야 대회 참여하기 등), 대학교 진학 후 관련 분야에 대한 활동 계획(관련 분야 경진대회 참여 등 취업을 위한 스펙 쌓기), 대학교 졸업 후 취업 계획(시장 조사 및 본인과 잘 맞는 회사 탐색), 취업 후 AI 엔지니어로서의 계획(지속적으로 갈고 닦아야 할 능력 등)을 깊이 있게 생각해 보도록 합니다. 로드맵을 글로만 쓰기보다는 전지 같은 큰 종이에 길을 그리고 그 길의 각 단계에서 해야 할 내용들을 그림과 글로 표현해 발표해 보세요. 친구들이 이해하기에도 좋고, 내 방에 크게 붙여 두면 지속적으로 동기를 부여하는 역할도 할 수 있을 것입니다.

AI 엔지니어 관련 주제 발표

책의 각 장의 내용에, 시장 조사 및 현 시점의 기술 발전 정도를 추가하여 관련 교과 시간에 발표해 봅니다. 예를 들어 3, 4장을 합쳐 AI 엔지니어가 되기 위한 방법 및 현재의 AI 엔지니어의 구인 상황을 진로 시간에 발표해 보거나 5~8장을 합쳐 AI 시스템 개발 및 운용에 관해 정보 시간에 발표해 보는 것도 좋겠습니다. 관련 자료를 풍부하게 수집하여 PPT 등의 시각 자료를 활용해서 보여준다면 더 의미 있는 시간이 되겠지요. 또, 발표 초반에 ChatGPT 등을 직접 활용하여 생성형 AI의 기술력을 보여주는 것도 흥미로운 발표를 만드는 데 도움이 됩니다.

AI 관련 진로 탐색

자신이 희망하는 진로 분야에서 어떻게 AI가 활용되고 있는지를 조사하여 소개해 봅시다. AI의 기반이 되는 딥러닝 및 머신러닝은 이미 과학 실험에 활발히 사용되고 있습니다. 예를 들어, 유전자 가위 기술인 '크리스퍼 캐스9'이 최근 딥러닝을 활용하여 자동 전략 학습과 타겟 지역 예측을 하고 있습니다. 입자 연구소 CERN에서는 데이터 분석을 위해 머신러닝의 종류 중 하나인 MVA를 채용하고 있지요. 또, 인간의 뇌와 AI를 융합한 BMI 기술도 연구되고 있습니다. 본인의 진로 분야에서 어떻게 AI가 활용되고 있는지를 조사하고 이를 친구들에게 소개해 봅시다.

과제 연구에 AI 활용하기

과제 연구 과목에서 연구를 진행할 때 ChatGPT 등의 AI를 보조도구로 활용해 봅시다. 예를 들어 연구의 과정을 설명할 때 생성형 AI에게 실험 과정에 대한 일러스트를 그려 달라고 주문할 수 있습니다. 다만, 생성형 AI를 통해 정보를 얻는 경우에는 반드시 직접 검증하는 작업을 거쳐야만 AI를 의미 있는 보조도구로써 활용할 수 있다는 점을 명심하세요.

🔬 **관련학과**

인공지능학과, 컴퓨터과학과, 전산학과, AI 융합학부, 인공지능공학과

📖 **같이 읽으면 좋은 책**

《AI는 세상을 어떻게 바꾸는가》(장동선 | 김영사 | 2022)

《AI 소사이어티》(김태헌, 이벌찬 | 미래의창 | 2022)

《비전공자도 이해할 수 있는 AI 지식》(박상길 | 반니 | 2023)

《3년 후 AI 초격차 시대가 온다》(정두희 | 청림출판 | 2019)

《AI 2045 인공지능 미래보고서》(일본경제신문사 | 반니 | 2019)

BOOK 34

《과학드림의 무섭게 빠져드는 과학책》

김정훈 | 더퀘스트 | 2023

과학 크리에이터가 전하는
동식물과 지구의 오래된 비밀

'우주의 탄생'과 '생물의 진화'. 두 학문 분야는 오랜 기간 누적된 연구 결과를 통해 귀납적 증명을 거치게 됩니다. 실험 결과를 확인할 때처럼 그 근거를 눈앞에서 직접 확인하기가 어렵지요. 통합과학에서 이 분야의 내용을 다루고는 있지만 적은 페이지에 압축하다 보니 흥미롭게 혹은 깊이 이해하는 게 쉽지 않습니다. 학생들도 대부분은 그리 관심을 보이지 않고요.

교사로서 해당 단원의 수업을 준비하며, 어떻게 하면 학생들의 초롱초롱한 눈빛을 끌어낼 수 있을까 하는 고민 끝에 접하게 된 채널이 있습니다. 구독자가 100만 명이 넘는 유튜브 '과학드림' 채널이에요. 이 채널은 '메갈로돈은 왜 멸종했을까?', '씨가 없는데 어떻게 재배할까?', '세계에서 가장 위험한 혈액형은?' 등 다양한 분야에 관한 호기심을 던지고 이를 과학적으로 풀어 나가며 '과학은 세상을 보는 창!'이라는 큰 깨달음을 얻게 해줍니다. 스토리텔링 방식이라 이해하기 쉬울 뿐만 아니라, 과학자들의 인터뷰와 연구 자료를 바탕으로 철저한 사전 고증 끝에 양질의 내용을 담고 있다는 것이 느껴집니다. 교과 내용과 연계된 영상은 수업 시간에도 종종 참고할 정도로 유익한데, 이를 글로 정리하여 출간한 책 가운데 하나가《과학드림의 무섭게 빠져드는 과학책》입니다.

과학 크리에이터 저자는, 우주 탄생부터 지금의 문명이 만들어지기까지의 지구 이야기, 고대 생물과 동물들의 옛 모습으로 살펴보는 진화 이야기, 인류의 진화 이야기, 환경과 기후 이야기 등 넓은 범위의 과학 주제를 다루며 과학적 호기심을 불러일으킵니다. 특히 통합과학에서 다루는 우주의 시작, 지질 시대의 환경과 생물 다양성, 자연 선택과 생물의 진화 파트에 관해 수준 있는 배경지식을 쌓을 수 있습니다. 과학이 어려워 아직 흥미를 느끼지 못하는 친구들에게도 과학과 친해지는 좋은 기회를 마련해줄 책입니다.

이 책을 읽기 전에 과학드림 채널의 영상을 짧게라도 먼저 볼 것을 권합니다. 저자가 내용을 풀어 나가는 방식을 영상으로 접한 후 책을 읽으면 그 내용을 더 생생하게 소화할 수 있으니까요. 이 책은 다양한 분야의 과학 상식을 얻는 데도 물론 도움이 되지만, 과학적 질문을 던지고 이를 해결해 나가는 탐구의 방법적인 틀 또한 엿볼 수 있습니다. 학교에서 배운 내용을 스스로 탐구하고 진로를 탐색할 때나 다양한 주제 발표 활동을 할 때, 어떤 출처에서 자료를 찾고 어떤 순서로 탐구해 나가야 좀 더 설득력 있게 내용을 구성할 수 있을지를 고민하면서 이 책을 읽어 보길 바랍니다.

생기부 후속 활동으로 확장하기

과학 크리에이터 활동

과학 크리에이터는 주제 선정 및 계획, 연구 및 내용 수집, 스크립트 작성, 촬영 및 편집, 음성 녹음, 음악 및 효과음 추가, 미리보기 및 수정 단계를 거쳐 콘텐츠를 완성합니다. 책을 읽은 후 과학 크리에이터가 되어 영상을 제작하는 조별 협업 활동을 해보세요. 이 활동을 통해 관심 분야를 드러낼 수 있고, 모둠 내에서 조직을 이끄는 리더십이나 리더를 따르고 협력하여 목표

달성을 돕는 팔로우십을 보여줄 수 있는 좋은 기회가 될 것입니다. 영상의 프롤로그와 에필로그를 만들어 제작 의도와 목적, 제작 후 자신의 변화나 깨달음 및 활동 후기 등을 함께 담는다면 더 의미 있는 활동이 되겠지요. 영상을 업로드한 뒤 댓글 기능을 활용하여 다른 모둠들로부터 영상 시청 후 생긴 궁금증을 받고 답글을 통해 소통하는 추가 활동도 해본다면 좋겠습니다.

전시관 VR 체험 활동

지구와 생명체에 대한 포괄적인 이해를 제공하는 '자연사'라는 과학의 한 분야를 더 공부하고 싶다면 과학관이나 박물관의 전시를 추천합니다. 요즘에는 직접 방문하지 않아도 전시관의 VR 체험이 가능하여 편리하게 역사적 유물이나 화석 및 고고학적 발굴물 등을 관람할 수 있습니다. 또한 활동지를 다운로드하여 활용할 수 있도록 제공하는 전시관도 있습니다. VR 체험 후 새롭게 알게 된 사실이나 더 탐구해 보고 싶은 주제를 찾아 보고서를 작성해 보는 것도 좋습니다. VR을 통해 자연사 전시를 관람할 수 있는 사이트를 아래에 소개합니다.

| 참고 사이트 |
❖ KIGAM 지질박물관 VR 전시관

❖ 국립과천과학관 사이버 전시관(자연사관)

: 활동지 제공

❖ 서대문자연사박물관 VR 전시관

주제 탐구 활동

논문이나 서적 등 참고문헌을 탐구하는 활동도 좋고, 주제와 관련된 이슈나 최신 연구를 확인해 보는 활동도 추천합니다. 생물 종에 대한 기본 연구를 바탕으로 지금도 계속 새로운 종이 발견되고 있지요. 이런 생물 종의 특성을 공학 및 의학에 활용하는 연구도 진행 중이고요. 영국 국립자연사박물관 사이트에서는 'SCIENCE NEWS' 탭에서 자연사 연구에 관한 새로운 소식과 논문을 접할 수 있습니다. 양질의 영상도 확인할 수 있으므로 사이트를 탐방하여 탐구 주제를 선정해볼 것을 추천합니다.

| 참고 사이트 |

❖ 영국 국립 자연사 박물관 뉴스 탭

관련학과

과학 관련 전체 학과

같이 읽으면 좋은 책

《과학드림의 이상하게 빠져드는 과학책》(김정훈 | 더퀘스트 | 2022)

《조상 이야기》(리처드 도킨스 | 까치 | 2018)

《대멸종 연대기》(피터 브래넌 | 흐름출판 | 2019)

《지구의 짧은 역사》(앤드루 H. 놀 | 다산사이언스 | 2021)

《종의 기원》(찰스 로버트 다윈 | 사이언스북스 | 2019)

《만화로 배우는 멸종과 진화》(김도윤 | 한빛비즈 | 2024)

《다정한 것이 살아남는다》(브라이언 헤어, 버네사 우즈 | 디플롯 | 2021)

BOOK 35

《나쁜 과학자들》

비키 오랜스키 위튼스타인 | 다른 | 2014

윤리 없는 과학
선일까, 악일까?

과학자들이 밝혀낸 경이로운 발견을 보며 우리는 '과학'이
라는 학문의 유용함과 가치를 깨닫습니다. 학생들은 실제로 과
학 탐구와 실험 활동을 통해, 궁금증을 해결하고 새로운 사실을
발견해 내는 쾌감을 느끼며 '나도 과학을 하는 사람이 되고 싶
다'는 꿈을 키우기도 하지요. 그런데 아픈 사람을 살리고 삶을
풍요롭게 하는 위대한 과학의 탄생 이면에서, 수많은 사람들이
희생되고 고통 받았다는 사실을 혹시 알고 있나요?

예를 들어 영국 의사 에드워드 제너Edward Jenner는 천연두 백신을 개발하여 천연두 종식에 기여했습니다. 여러분은 그 사실을 교과서를 통해 접하고 제너를 '면역학의 아버지'로 배우며, 감염성 질병을 예방할 수 있는 백신의 원리에 대해 학습합니다. 그러나 제너가 여덟 살배기 아이에게 동의를 구하지 않고 우두 종기에서 뺀 고름과 천연두 종기 딱지에서 뽑은 고름을 아이의 팔에 집어넣었다면 어떨까요? 실제로 제너는 천연두 백신을 개발하기 위해 그러한 비윤리적인 실험을 감행했습니다. 이후 수많은 인류를 살린 백신 개발에 성공했으니, 제너의 실험 과정과 수단은 정당화될 수 있는 걸까요?

이 책은 인류를 위한다는 명분 아래 의사를 포함한 '나쁜 과학자들'에 의해 벌어진 부끄러운 인체 실험의 역사를 고발합니다. 책을 읽으면서 연구 윤리와 의학 발전의 딜레마를 고민해볼 수 있습니다. 어린아이들을 포함한 수많은 사람이 인간 기니피그가 되어 자신도 모르게 인체 실험을 당했던 참담한 사건들을 소개하며 우리에게 '좋은 과학'이 나아가야 할 방향에 대해 생각할 거리를 던져 줍니다.

저자는 과학과 공학이 발달함에 따라 전쟁을 위한 핵실험, 방사능 실험, 생물학전 실험, 화학 무기 실험 등이 비밀리에 진행된 역사적 사건들도 소개하는데요, 과학을 하는 사람이든 아니든 우리 모두 연구 윤리의 중요성을 인식하고 감시자의 역할을 다해야 함을 시사하고 있습니다. 의학 전공을 희망하는 학생 뿐만 아니라 연구원이나 의료 정책에 관심이 있는 학생들은 이 책을 꼭 읽고 연구 윤리에 관한 바른 가치관을 정립하길 바라는 마음으로 추천합니다.

책을 읽은 후에는 연구 윤리에 관한 자기 생각을 글로 정리 해 보는 후속 활동을 해보았으면 합니다. 연구 윤리라는 주제가 너무 방대하게 느껴진다면, 연구 윤리를 위반한 실험 사례나 윤 리적 논란이 되는 과학 기술 등으로 주제를 좁혀 이에 대한 자 기 생각을 정리해 보기 바랍니다. 자신의 희망 진로에서 발생할 수 있는 윤리적 딜레마를 고민해볼 수도 있겠지요. 이러한 활동 을 통해 미래의 과학인으로서 자신의 연구 윤리 의식과 가치관 을 생기부에 드러낼 수 있다면 좋겠습니다. 어떤 분야의 연구든 공통으로 해당하는 주제이기에, 이공계열 진학을 꿈꾸는 학생 들에게 꼭 필요한 발돋움 활동이 될 것입니다.

생기부 후속 활동으로 확장하기

연구 윤리 및 생명윤리에 관한 글쓰기 활동

책 123쪽에는 임상시험에 참가하는 피험자에게 대가를 제 공하는 것에 대한 논쟁을 소개하고 있습니다. 제1상 임상연구에 참가하는 지원자는 보통 실업자나 수감자, 학생들이 대부분인데 그 이유가 바로 돈 때문이라는 것입니다. 이 사람들은 사회를 위해 임상시험의 부담을 짊어지지만, 역설적으로 새로운 치료제 개발에 성공했을 때 이를 누릴 수 있는 경제적 능력이 없음을 꼬집습니다. 이 문제점을 연구 윤리 및 의료 윤리와 연결 지어 고찰해 보고 자기 생각을 논술하는 활동을 추천합니다. 예를 들어, 위의 사례가 책에서 제시한 벨몬트 보고서의 3가지 원칙 중 '정의의 원칙'에 어긋나지 않는지 판단해 보고, 의료 혜택이 모든 사회 계층에게 공정하고 고르게 분배될 수 있도록 하는 정책을 찾아 보거나 실제로 고안하는 활동을 할 수 있습니다.

토론 및 토의 활동

이 책은 중·고등학교에서 과학 윤리에 관한 토론 도서로 자주 선정되는 책입니다. 책의 '비판적으로 책 읽기' 코너에서는 챕터마다 더 깊이 생각해볼 주제를 제시합니다. 5장에서는 특히 현대 의학 연구의 다양한 쟁점들을 소개하고 있습니다. 예를 들어 치료법이 없는 환자에 대한 인체 실험에 대해 어떻게 생각하는지, 국가 안보를 위해 인체 실험이 정당화될 수 있는지, 여러분의 게놈 지도가 다른 사람들을 치료하는 데 도움이 될 수도 있다면 자신의 정보를 어느 정도까지 공개할 수 있을지 등을 주제로 선정하고 토론 및 토의 활동을 해봅시다.

진로 연계 활동

후속 활동으로 직업 세계를 체험할 수 있는 에세이 등을 추가로 읽어 보며, 미래 직업 전선에서 자신이 직면할 수 있는 윤리적 딜레마에 관해 생각하는 활동을 수행할 수 있습니다. 나아가 어떤 역할을 하는 직업인으로 성장할 것인지 '동사형 꿈'을 발표해 보는 것도 좋습니다. 특히 의료진이나 연구원은 전문성을 갖추는 것도 중요하지만, 투명한 과정을 거쳐 올바른 목적을 향해 달려가야 합니다. 서울대학교 의과 대학에서도 졸업 역량으로 의료 윤리와 연구 윤리 함양을 제시하는 만큼, 이를 중요하게 생각하고 있음을 세특 활동을 통해 드러낸다면 좋겠습니다.

주제 탐구 및 발표 활동

❖ 기관생명윤리위원회IRB 정보포털에 접속하여 생명윤리 및 안전에 관한 법률을 살펴보고, 기관생명윤리위원회의 주요 업무와 운영 원칙 등을 조사하여 그 필요성을 탐구하는 활동을 추천합니다. 사이트의 [정보마당]-[자료실]에는 연구 목적에 따른 연구계획서 양식과 연구대상자용 설명문 및 동의서 양식이 있습니다. 실제로 제1상, 제2상, 제3상 임상시험이 어떤 절차로 이루어지는지 확인하며, 해당 분야에 대해 이해를 쌓아 봅시다.

❖ 연구 윤리가 발달하는 과정에서 등장한 뉘른베르크 강

령, 헬싱키 선언, 벨몬트 보고서 등에 대해 탐구하고, 이를 위반한 인체 실험이나 임상 시험 등 역사적 사건을 찾아 분석하는 활동을 해봅시다.

❖ 책에서는 생체은행(인체유래물은행)에 관해서도 간략하게 언급하고 있습니다. 생체은행은 질병관리청의 허가에 따라 기증 동의 및 기탁 등의 절차를 거쳐 혈액, 소변 등 인체유래물 및 역학·임상·검사 정보를 체계적으로 수집하고, 인체자원 보존 시스템을 운영합니다. 또한 보건의료 연구 및 바이오헬스 산업 활성화를 위해 은행에 보관된 고품질 인체자원을 연구 소재로 활용할 수 있도록 제공합니다. 이와 관련된 기사를 탐색해 보고 생체은행의 기능과 역할 및 논란에 대해서도 살펴본다면 좋겠습니다.

❖ 최근에는 의료 윤리뿐만 아니라 AI 윤리에 대한 관심도 뜨겁습니다. 열린 주제 대화형 인공지능인 '이루다'는 100억 건 이상의 카카오톡 대화로 딥러닝을 수행해 사람과 비슷한 자연스러운 말투로 화제가 됐습니다. 그러나 그 과정에서 사적인 대화를 무단으로 사용했다는 논란이 있었으며, 일부 악성 이용자의 부적절한 발언을 그대로 학습하며 혐오 발언을 해 문제가 되기도 했지요. 마이크로소프트사의 AI 챗봇 '테이'도 인종, 성차별 발언을 해 선보인 지 16시간 만에 운영을 중단하는 사태가 벌어진 바 있습니다. 인공지

능이 급속도로 발전하는 세상에서 AI 윤리에 관해 탐구해볼
것을 추천합니다. AI 윤리를 위한 로마 선언, OECD 인공지
능 권고안, 아실로마 AI 원칙, 우리나라의 인공지능 윤리 가
이드 등을 참고하면 도움이 될 것입니다.

| 참고 사이트 |
❖ 기관생명윤리위원회 정보포털(www.irb.or.kr)

❀ 관련학과
과학 관련 전체 학과
▥ 같이 읽으면 좋은 책
《과학, 그게 최선입니까?》(강호정 | 이음 | 2022)
《완벽에 대한 반론》(마이클 샌델 | 와이즈베리 | 2016)
《AI 윤리에 대한 모든 것》(마크 코켈버그 | 아카넷 | 2023)
《줄기세포와 생명 복제기술, 무엇이 문제일까?》(황신영 | 동아엠앤비 |
2022)

BOOK 36

《거의 모든 것의 역사》

빌 브라이슨 | 까치 | 2020

지금 우리가 이곳에 존재하기까지를 설명하는 과학 교양서

이 책은 우주론, 지질학, 대기, 원자, 기후 변화, 유인원, 인류학 등 광범위한 내용을 다루면서도 흐름이 끊기지 않고 술술 읽히는 것이 참 신기한 책입니다. 또 하나 재미있는 점은, 저자 빌 브라이슨은 사실 이 책을 집필하기 전까지 책에서 다루는 내용에 대해 아는 것이 거의 없었다는 사실입니다. 그저 우리가 잘 알고 있는 과학적 사실을 과학자들은 어떻게 밝혀 냈을까 하는 호기심에서 출발했다고 해요. 책과 잡지를 통해 공부하면서 여러 가지 새로운 질문거리가 생겼고, 자신의 질문에 답해줄 전문가들을 찾아가 궁금함을 해결했습니다. 그 과정에서 알게 된 내용을 엮어 펴낸 것이 바로《거의 모든 것의 역사》입니다. 그래서인지 책의 내용이 너무 무겁거나 어렵지 않고, 저자의 시선에서 신선함이 느껴집니다. 여러분도 교과 시간에 배우는 내용들을 그냥 외워야 할 지식으로 학습하기보다는 어떻게 처음 이런 사실들을 알게 되었을지를 생각해 보며 호기심을 잃지 않았으면 합니다.

이 책은 물리, 화학, 생명과학, 지구과학을 고루 포함합니다. 우리가 살고 있는 지구, 지구 너머의 우주, 그리고 우리와 같은 생명체에 대해 이해하기 위해서는 여러 과학적 개념들을 포괄적으로 알아야 합니다. 이 책을 읽고 나면 선생님이 하는 말의 의미를 깨달을 수 있을 것이라 생각합니다.

책에는 해저 탐험가 비브와 바턴의 이야기가 나옵니다. 두 사람은 잠수구를 만들어 해저 908m까지 잠수해 신기록을 세웠지만, 그것이 중요한 과학적 업적으로 이어지지는 못했습니다. 그들은 분명 용감한 해저 탐험가였지만 해양학자로 교육을 받지 못했고, 자신들이 발견한 것을 과학자가 필요로 하는 것만큼 자세하게 기록하지 못했기 때문입니다. 그저 '바다 깊은 곳에도 흥미로운 것들이 많다'는 내용의 보고만을 할 수 있었을

뿐이지요. 알아야 호기심이 생기고, 호기심이 생겨야 깊은 탐구 과정이 이루어집니다. 이 책을 통해 여러분이 탐험하고 싶은 세계는 무엇인지, 어떻게 도달할 수 있을지, 거기에서 무엇을 발견하고 싶은지 고민해 보았으면 합니다.

책을 읽은 후에 더 알아보고 싶은 주제가 생겼다면 추가로 다른 책들을 찾아 읽어 보세요. 우주론이 궁금하다면《우주의 끝을 찾아서》를, 태양계 행성과 외계 생명체에 대한 이야기에 관심이 간다면《코스모스》를, 좀 더 과학적 내용에 초점을 맞춰 읽고 싶다면《박문호 박사의 빅 히스토리 공부》나《기원 the origin》을, 지구에 인류가 등장한 이후 인간의 역사에 관심이 간다면《사피엔스》를 추천합니다.

생기부 후속 활동으로 확장하기

인문학적 활동과 융합하기

이 책에는 동시대에 영향을 끼친 여러 과학자들이 등장합니다. 한 사람의 과학자가 홀로 위대한 과학적 사실을 발견하기보다는 한 사람의 발견이 다른 과학자의 위대한 업적에 영향을 준 경우가 많습니다. 과학에서 창의성이 발현되기 위해서는 어떤 조건들이 필요할지 생각해 봅시다.

이 과정에서 칙센트 미하이의 《창의성의 즐거움》이라는 책을 읽고 '창의성의 시스템적 관점'에서 여러 과학자들이 서로 영향을 끼치는 것이 과학의 발전에 어떤 영향을 주는지 생각해 보세요. 《천재의 지도》라는 책도 추천합니다. 당대의 창의적 인재들이 모여들었던 일곱 개의 도시를 저자가 직접 여행하며 창의력에 관해 고찰한 책입니다.

과학 커뮤니케이터 활동하기

어려운 과학적 개념도 누구나 이해할 수 있게, 그리고 대중들이 과학에 흥미를 가질 수 있도록 설명하는 과학 커뮤니케이터들이 많습니다. 이 책에 나온 과학적 개념이나 이 책을 읽고 심화하여 알게 된 내용을 과학 커뮤니케이터가 되어 소개하는 활동을 해보세요.

과학 소통 오디션 '필 더 사이언스'를 참고하면 도움이 될 것입니다. 발표 형식이 반드시 페임랩 형식일 필요는 없습니다. 여러 친구들과 함께하는 경우, 친구들의 장점과 특기를 살려 연극이나 뮤지컬, 패러디 등 다양한 형태로 과학적 내용을 알리는 활동을 계획해 보기 바랍니다. 주제로 삼을 만한 예시를 아래에 소개합니다.

❖ 스킨스쿠버 다이빙, 잠수부와 잠수병BEND
❖ 극한의 환경에서도 사는 생명체

❖ 생명이 존재하기 위한 조건

❖ 심해 분출구의 역할

❖ 최첨단 동위원소 분석 장비 슈림프SHRIMP

❖ 주목받지 못한 위대한 과학자들

❖ 전쟁 중 알게 된 과학적 사실

'북 크리에이터'를 사용해 책 만들기

이 책의 저자인 빌 브라이슨처럼 여러분도 더 알아보고 싶은 내용을 학습하면서 질문을 만들고, 선생님이나 전문가, 혹은 또 다른 자료를 통해 답을 찾아 보세요. 그렇게 알게 된 내용들을 엮어 책을 만들어 봅시다.

'북 크리에이터' 플랫폼을 이용하면 간편하게 한 권의 온라인 책을 만들 수 있습니다. 유튜브에 검색하면 사용법을 자세히 안내하는 콘텐츠들이 많습니다. 인공지능을 활용하거나 캔바나 미리캔버스 같은 다른 플랫폼을 활용해 책에 들어갈 이미지를 제작할 수 있으니 참고하세요.

이 활동은 개인으로 작업할 수도 있고, 동아리에서 프로젝트 활동으로 협업할 수도 있습니다. 여럿이 함께할 때의 좋은 점은 각자의 진로, 관심 분야, 선택 과목이 다르기 때문에 다채로운 내용을 담은 책을 만들 수 있다는 점입니다. 단, 책 전체를 관통하는 통일된 주제가 있어야 하고, 각 내용들이 서로 연계되어야 하므로 미리 회의를 통해 주제 선정, 프로젝트의 방향성, 내용 구성 등에 대해 논의를 할 필요가 있습니다. 이는 기획 능력, 의사소통 능력, 협업 능력 등 공동체 역량을 고루 함양하는 과정입니다. 혹시 프로젝트를 진행하는 동안 어려움에 부닥친다면 이를 적극적으로 해결하는 과정에서 어떤 점을 배웠는지도 잘 기억하길 바랍니다.

| 참고 사이트 |

❖ 북 크리에이터(bookcreator.com)

🐾 관련학과

과학 관련 전체 학과

📑 같이 읽으면 좋은 책

《우주의 끝을 찾아서》(이강환 | 현암사 | 2014)

《코스모스》(칼 세이건 | 사이언스북스 | 2006)

《박문호 박사의 빅히스토리 공부》(박문호 | 김영사 | 2022)

《기원 the Origin: 렉처 사이언스》(김희준 외 | 휴머니스트 | 2016)

《사피엔스》(유발하라리 | 김영사 | 2015)

《창의성의 즐거움》(미하이 칙센트미하이 | 북로드 | 2003)

《천재의 지도》(에릭 와이너 | 문학동네 | 2021)

BOOK 37

《과학관의 탄생》

홍대길 | 지식의날개 | 2021

후대를 위해 쌓은 인류의 지식창고,
과학관을 가다

어렸을 때 부모님과 과학관에 갔던 경험을 떠올려 보세요. 여러분이 갔던 과학관은 어떤 곳이었나요? 어떤 것들이 전시되어 있었나요?

선생님의 경우는 오히려 어른이 되어서 갔던 과학관이 더 인상적이었습니다. 교사 연수를 받을 때 과학관의 전시물을 보며 보존 상태를 유지하는 방법에 대한 설명을 들은 경험, 박물관의 수장고를 구경한 경험, 학생들이 참여하는 과학관 해설 프로그램을 지도한 경험, 학생과학관의 전시물을 교체하는 과정에 참여한 경험들이 떠오르네요.

과학관이라는 곳은, 과학 지식을 얻고 과학적 원리를 체험하는 것 이상의 의미를 찾을 수 있는 곳이라는 생각을 합니다. 이렇게 과학관에서만 경험할 수 있는 특별한 과학적 영감과 경험에 대해 말하는 책이자, 과학관이 처음 탄생하고 발달해온 역사를 보여주는 책을 소개하려 합니다. 선생님은 이 책《과학관의 탄생》을 읽으며 중학교, 고등학교 때 배웠던 과학, 사회, 역사 교과의 모든 내용이 머릿속에서 연결되고, 새롭게 알게 된 지식들로 상식이 한층 풍부해지는 듯했습니다. 그래서 학생들도 다양한 교과와 연계하여 후속 활동으로 이어 나가기 좋겠다는 생각이 들었습니다.

이 책은 인류사, 세계사, 과학사를 바탕으로 당시 사회와 관련지어 과학관이 어떻게 만들어졌는지, 과학관이 어떤 기능을 했는지 설명합니다. 구석기 시대부터 고대 도시를 지나 중세 도시, 대항해 시대와 과학 혁명, 프랑스 혁명, 메이지 유신, 세계 제2차대전, 그리고 현재에 이르기까지 과학관이 탄생하게 된 배경과 그 기능을 시간순으로 자연스럽게 엮어 냅니다. 다시 말해, 과학관을 중심으로 인류의 역사, 사회, 국가관에 대해 조명한 책이라고 할 수 있습니다.

책에서 말하는 과학관의 시원은 바로 '동굴벽화'입니다. 실제로 파리 국립자연사박물관은 라스코벽화를 고생물학전시관 벽에 전시하고 있습니다. 구석기인들이 남긴 귀중한 동물도감이기 때문이지요. 동굴벽화에 남겨진 동물들과 사냥 그림은 예술을 넘어 그 시대를 한눈에 보여주는 생생한 동물도감이자 가장 좋은 시각 정보 전달 수단이 됩니다. 그렇기에 동굴은 삶의 현장이자 교육의 현장이라고 책은 설명합니다.

메소포타미아 문명 위에 최초로 세워진 도서관은 어땠을까요? 알렉산드라 '무세이온'은 신전이자 도서관을 갖춘 종합연구기관 그리고 종합과학관이었습니다. 이곳에는 물리, 언어, 의학, 천문학, 지리학, 철학, 수학, 생물학, 지질학을 연구하는 당대 최고의 과학자들이 모여 있었습니다. 이곳 '무세이온'은 오늘날 박물관을 뜻하는 '뮤지엄'의 어원이 되었지요. 뮤즈를 모시는 신전이 오늘날의 뮤지엄이 된 것입니다.

뮤즈라는 단어에서 알 수 있듯 뮤지엄은 영감을 주는 곳이기도 합니다. 실제로 조각가 로댕은 바티칸 박물관에 있는 고대 작품인 벨베데레의 토르소를 보고 '생각하는 사람'의 영감을 얻었다고 하죠. 이 책을 읽은 후 과학관을 새로운 시각으로 바라보며 과학적 영감을 떠올리는 기회로 삼았으면 합니다.

생기부 후속 활동으로 확장하기

생태 프로젝트

천문학자들, 자연사학자들을 비롯한 과학자들이 기록하고 발견한 사실들이 쌓여 과학 지식이 됩니다. 그렇다면 과학자들은 어떻게 기록을 남기고 이를 토대로 과학적 사실을 발견했을까요?《훔쳐보고 싶은 과학자의 노트》는 여기에 힌트가 되는 책입니다. 특히 생태학과 관련해 관찰 내용을 어떻게 기록하면 좋을지 참고하는 데 도움이 됩니다.

학교 운동장 주변, 근처 숲과 공원, 우리 지역의 조류 등을 관찰하는 프로젝트를 진행해 보는 것을 추천합니다. 그 과정에서 어떤 매체를 사용하여 기록했는지, 무엇을 관찰했는지, 새롭게 알게 되거나 발견한 것이 있는지 등 탐구 노트를 반드시 작성하기 바랍니다.

과학 전시

프로젝트 활동 후 이를 알리는 것도 중요합니다. 프로젝트 활동의 연장선으로 진행하면 좋겠습니다. 축제 때 부스를 운영하거나, 학교의 프로그램을 이용하거나, 교육적 목적으로 학교의 공간을 활용해 전시할 수 있는 여러 기회를 잘 이용하기 바랍니다.

직접 관찰한 기록과 프로젝트를 통해 알게 된 자연 과학 지식을 전시하는 작은 과학관을 만들어 봅시다. 다른 사람들이 이해하기 쉽도록 전시물을 어떻게 만들지, 전시물 구성과 배치는 어떻게 할지, 어떤 체험을 통해 과학적 지식이나 원리를 학습하게 할지, 사람들에게 어떻게 안내할지 등 여러분들이 주도적으로 큐레이터의 역할을 맡아 보세요.

과학관 프로그램 참여

과학관과 박물관에서 진행하는 특강, 교육 프로그램도 있지만 봉사 프로그램의 일환으로 청소년 해설 프로그램을 진행하기도 합니다. 가까이 위치한 과학관에서 진행하는 프로그램을 살펴보고 참여해 보기 바랍니다. 과학관의 프로그램에 참여하여 알게 된 여러 지식들이 생길 것이고, 참여하는 과정에서 탐구 역량이나 의사소통 능력 등 다양한 역량을 키울 수 있겠지요. 또, 과학관에서 진행하는 프로그램을 일부 차용해 학교에서 전시할 때 응용할 수도 있습니다.

과학관 답사

어린이 과학관, 시에서 운영하는 과학관, 국립 과학관 등을 답사하고 보고서를 작성합니다. 각 과학관의 특징과 장점을 찾아 보고, 각 과학관에서 꼭 체험해 보기를 추천하는 관이나 전시물을 선정해 보세요. 한 가지 주제를 여러 과학관에서는 어떻게 서로 다르게 전시하고 체험하게 하는지 등도 비교해 봅니다.

'아티언스 대전' 관람

'아티언스 대전'은 대전문화재단에서 지원하는 프로그램으로, '아티언스'는 예술ART과 과학SCIENCE의 합성어입니다. 대덕연구개발특구의 과학 인프라를 기반으로 참여예술가와 과학자가 협업을 통해 융복합 실험 예술의 장을 지원하는 프로그램입니다. 아티언스 대전은 매년 11월쯤 대전예술가의 집에서 개최되는데, 과학과 예술이 융합한 작품들을 볼 수 있는 좋은 기회입니다. SNS나 블로그, 유튜브 등에서도 결과 보고전 사진이나 영상을 볼 수 있으므로, 어떤 작품들이 있었는지 참고해 보세요. 아티언스 대전을 모티브로 과학 동아리와 음악 동아리, 미술 동아리와 협업하여 프로젝트 활동을 진행하고 이를 축제 때 전시하는 활동을 추천합니다.

| 참고 사이트 |
❖ 아티언스 대전 소개 페이지

역사 교과와 연계하여 주제 탐구 발표

이 책에는 근대화 시기 일본이 과학 연구를 중요하게 생각한 이유와 과학박물관의 역할, 패전 후 일본의 과학 연구와 과학교육 분야에서의 변화, 조선의 근대화와 조선 최초의 동물원과 식물원, 아시아 최초의 과학관인 은사기념과학관을 일본이 조선에 세운 이유, 조선박물연구회의 설립과 중요한 학자들, 조선 과학지식보급운동과 일제강점기 과학 대중화 활동, 조선인이 운영하는 최초의 과학관 건립 등에 대한 내용이 나옵니다. 역사 교과와 연계하여 조선 동식물의 이름이 사라지지 않도록 노력한 학자들에 대해 탐구해 봅시다. 그 과정에서 우리의 중요한 역사적 사건과 과학관 또는 과학 교육을 연결 지어 더 자세히 조사한 후 주제 탐구 발표를 진행해 봅니다.

관련학과

과학 관련 전체 학과, 사학과

같이 읽으면 좋은 책

《훔쳐보고 싶은 과학자의 노트》(마이클 R. 캔필드 외 | 휴머니스트 | 2020)

《한국의 새 생태와 문화》(이우신 | 지오북 | 2021)

BOOK 38

《야밤의 공대생 만화》

맹기완 | 뿌리와이파리 | 2017

웹툰으로 만나는
천재 과학자, 수학자들의 깨알 TMI

《야밤의 공대생 만화》는 맹기완 작가의 웹툰을 원작으로 한 책입니다. 위트와 각종 패러디가 넘치는 웹툰의 재미가 그대로 살아 있어 책을 읽는 것이 즐겁습니다. 한번 펼치면 앉은 자리에서 절반 정도는 단숨에 읽게 되는 책이에요. 공대생이던 작가가 주로 야밤에 그린 웹툰을 커뮤니티에 올렸고, 독자들로부터 좋은 반응을 얻어 책까지 내게 되었습니다.

제목에 들어간 '공대생'이라는 단어 때문에 자칫 공학과 관련된 에피소드를 웹툰으로 그린 것인가 하는 오해를 할 수 있는데, 실상은 근현대 과학과 수학의 역사에 등장하는 천재적인 인물들에 관한 이야기를 담고 있습니다. 천재들의 라이벌 대결, 인류 최강 뇌섹남들의 활약, 비운의 학자들, 이상한 과학자의 기이한 사례, 난제를 해결한 천재들 등 목차만 봐도 얼른 책장을 들여다보고 싶어지지요.

실제 본문에는 과학자와 수학자들의 흥미로운 인간관계와 에피소드 외에 만만치 않은 과학, 수학 개념들도 종종 등장합니다. 이런 딱딱한 개념들도 역사적 배경과 잘 버무려 말랑말랑하게 만들었기 때문에 이해하기가 매우 쉽습니다. 여기서 작가의 내공을 엿볼 수 있는데요, 보통 과학이나 수학 개념은 다른 해석을 일으킬 여지를 줄이기 위해 최대한 건조한 문체로 개념을 전달하는 것이 일반적이지요. 문제는, 오해의 소지가 줄어드는 만큼 이해의 폭도 축소된다는 점입니다. 과학사의 좋은 점이 바로, 개념이 등장하게 된 배경지식을 파악하도록 함으로써 개념의 이해를 돕는다는 것입니다.

저자는 과학 개념과 과학사를 절묘하게 섞어 이야기를 만들고, 이를 다시 유머러스하게 각색한 다음 마지막으로 함축하여 웹툰으로 표현하는 능력을 선보입니다. 여러분도 어떤 책을 읽다가 이해가 잘 안 되거나 어려운 부분이 있다면 이를 좀 더 쉽고 흥미롭게 표현할 수 있는 방법을 스스로 고민해 본다면 좋겠습니다. 이 책처럼 간단한 웹툰으로 표현하는 것도 한 가지 방법이지요. 하나의 장면 속에 과학 개념을 녹여 내는 능력, 개념을 직관적으로 이해하는 습관을 키울 수 있기를 기대합니다.

만약 이렇게 만든 웹툰이나 자료가 쌓인다면 수업 시간에 발표 자료로 활용하거나 블로그, SNS에 올려 보면 좋을 것 같아요. 또는 교실 게시판에 주간으로 하나씩 게시하거나, 학교 신문에 연재하는 방법도 있습니다. 이렇게 학습 자료를 웹툰으로 만들어 친구들과 공유하는 모습을 생기부 세특에 반영해볼 수도 있겠네요. 그러다 더 잘되면… 작가님처럼 웹툰을 책으로 낼 수 있을지도 모르죠.

생기부 후속 활동으로 확장하기

과학 개념을 웹툰으로 표현하기

《야밤의 공대생 만화》는 웹툰의 그림이 뛰어나서 독자들이 좋아하는 것이 아닙니다. 충실한 자료를 기반으로 한 알찬 내용과 재치 있는 유머 덕분이죠. 책을 열심히 읽은 여러분도 용기 내서 도전해 보세요. 수업에서 배운 과학 개념을 관련된 과학자의 에피소드와 엮어서 간단한 웹툰으로 재미있게 표현해 보면 어떨까요? 이를 통해 과학 개념을 직관적으로 이해하는 방법을 배울 수 있을 것입니다. 이렇게 만든 웹툰을 학교 신문이나 게시판을 통해 공유하고, 이러한 활동을 잘 정리하여 생기부 세특에 반영해 보세요.

과학 웹툰 공모전 참여

내가 그린 웹툰의 완성도나 작품성이 혼자 보기 아까울 정도로 탁월하다면 대회에 참가해야죠. 한국화학연구원의 홈페이지인 '케미러브'에서 매년 진행하는 '화학창의 콘텐츠 공모전'에 참여해 봅시다. 해당 공모전의 웹툰 분야에는, 우리 생활 속 화학의 긍정적 역할과 가치를 알릴 수 있는 웹툰이나 화학을 쉽고 재밌게 설명하는 웹툰이라면 누구든 참여할 수 있습니다.

| 참고 사이트 |

❖ 화학사랑 케미러브(chemielove.krict.re.kr)
❖ 사이언스올(www.scienceall.com)
  ➪ 과학이야기 〉 과학만화
❖ 콘테스트코리아(www.contestkorea.com)

학업 계획서 만들기

공학에 관심이 많은 학생이라면 《공대생을 따라잡는 자신만만 공학이야기》를 추천합니다. 공대생의 언어(수학), 공대생이 읽어야 할 자연의 법칙(과학 개념), 세상에 없던 것을 만들어 내는 일(공학 설계) 등 공대에 진학하면 배우게 될 내용을 고등학생이 이해할 수 있는 수준으로 친절하게 설명한 책입니다. 이 책을 통해 자신이 중·고등학교에서 배운 내용이 공대에서 어떤 개념으로 발전되는지 확인해 보세요. 그러면 내가 공대에 진학하기 위해 앞으로 어떤 노력을 해야 할지 계획이 생길 거예요. 조금 더 확장해서, 공대에 진학한다면 무엇을 어떻게 공부하게 될지 희망 전공에 맞게 학업 계획을 미리 세워 봅시다. 대입 수시를 준비할 때 큰 도움이 될 것입니다.

🜨 관련학과

과학 관련 전체 학과

📖 같이 읽으면 좋은 책

《공대생을 따라잡는 자신만만 공학 이야기》(한화택 | 플루토 | 2021)

《그래비티 익스프레스》(조진호 | 위즈덤하우스 | 2018)

《퀀텀》(로랑 셰페르 | 한빛비즈 | 2020)

《만화로 배우는 동물의 역사》(카린루 마티뇽 | 한빛비즈 | 2022)

《만화로 배우는 곤충의 진화》(김도윤 | 한빛비즈 | 2018)

《세상에서 가장 재미있는 화학》(래리 고닉 외 | 궁리출판 | 2022)

BOOK **39**

《과학자의 흑역사》

양젠예 | 현대 지성 | 2021

위대한 과학자들의 숨기고픈 흑역사, 그 속의 값진 교훈

아인슈타인, 스티븐 호킹Stephen Hawking, 갈릴레이Galileo Galilei, 뉴턴Isaac Newton, 다윈Charles Darwin, 가우스Carl Friedrich Gauss, 오일러Leonhard Euler, 맥스웰James Maxwell. 모두 놀라운 발견을 이룬 위대한 과학자들입니다. 이들이 세기를 뛰어넘어 오늘날 교과서에까지 등장하는 이유는 전통적인 틀을 깨뜨리는 획기적인 아이디어로 과학계의 큰 발전을 이끌었기 때문입니다.

기존과 다른 창의적인 이론이나 새로운 실험 결과가 등장할 때 많은 경우 당대의 과학자들로부터 공격을 받고는 합니다. 그러다가 그 의견을 뒷받침하는 증거들이 서서히 밝혀지며 새 시대를 이끌 이론으로 인정받게 되죠. 대부분의 경우 그 과정은 순탄하지 않습니다. 당연하게도 위대한 발견의 과정은 수많은 실수와 실패로 이루어집니다. 하지만 교과서에서는 거의 다루지 않지요.

모든 위대한 발견이 존재할 수 있었던 이유는 과학자들이 거기서 주저앉지 않고 다시 도전했기 때문입니다. 이 책에서 여러분들은 천재 과학자들의 실수와 실패, 그리고 그 극복 과정을 확인할 수 있습니다. 어쩌면 성공의 결실 그 자체에서보다도 더 많은 것을 배우게 될지 모릅니다.

일례로, 스티븐 호킹은 '호킹 복사'라는 획기적인 발견을 통해 우주학의 최고 인물이라는 위치에 올랐습니다. 그러나 이 위대한 발견을 이루기 전, 호킹은 큰 실수를 저질렀습니다. 어느 이름 없는 대학원생이 호킹 이론의 전제가 되는 중요한 논문을 발표했는데 코웃음을 치며 완전히 무시했던 거지요. 다행히도 호킹은 심도 있는 연구를 통해 그 대학원생이 옳았고 자신이 편견에 빠져 있었음을 깨닫게 됩니다. 결국 호킹의 놀라운 발견은, 자신이 저지른 치명적인 실수를 스스로 복기하고 인정한 데서부터 비롯된 셈입니다.

이 책은 교과서 내용 위주로 구성되어 있습니다. 고등학생이라면 익숙할 만한 과학 개념들이 등장하기 때문에 부담 없이 읽을 수 있습니다. 교과서에서는 간략히 핵심 위주로 개념을 설명하지만, 하나의 개념이 형성되기까지 얼마나 먼 길을 돌아와야 했는지를 이 책은 말해 줍니다.

책의 각 부는 천문학자 / 생물학자 / 수학자 / 화학자 / 물리학자순으로 구분됩니다. 내가 특별히 더 좋아하는 과목이 있다면, 그 분야의 과학자 이야기를 먼저 읽어 보기를 추천합니다. 특히 평소 존경하는 과학자가 있다면 그 인물이 숨기고 싶었을 흑역사를 슬쩍 들춰 보면서, 그들도 인격적인 면에서나 학문적인 측면에서 완벽하지는 않았음을 확인해 본다면 좋겠습니다. 지난 실수에서 배우고, 타인에게 나를 비춰 보는 사람만이 앞으로 나아갈 수 있다는 교훈을 얻을 수 있을 것입니다.

나아가 본인이 했던 실수와 실패를 떠올려 봅시다. 과제 연구 등 연구 활동이나, 혹은 과학 문제를 푸는 과정이어도 좋습니다. 어떤 실수가 있었으며, 실수를 딛고 무엇을 배울 수 있었는지 생각해 보고 그 경험을 친구들과 서로 공유해 본다면 좋겠습니다.

생기부 후속 활동으로 확장하기

존경하는 과학자의 실패 극복기 찾아보기

평소 존경하는 과학자 또는 롤모델로 여기는 과학자가 있다면, 그 인물의 실패 극복기를 조사해 봅시다. 자세한 내용을 알고 싶다면 그 인물의 자서전이나 강연 등을 찾아보면 도움이 될 것입니다.

나의 실패 되짚어 보기

과제 연구 시간에 조별로 연구를 진행하다 보면 생각했던 대로 실험이 이어져 나가지 않는 경우가 정말 많습니다. 본인이 겪었던 실패와 실수를 기록해 보고 이를 극복한 과정을 상세히 정리해 봅시다. 그리고 그 과정에서 느낀 점과 배우고 성장한 점에 대해 고찰하여 기록해 봅니다. 현재 진행 중인 연구라면, 연구가 끝난 뒤 조원끼리 연구 노트를 공유하며 평가회를 진행할 것을 권합니다. 서로의 경험을 공유하고 실패에 대한 두려움을 이겨 내는 계기가 된다면 좋겠습니다. 후배들에게 본인이 겪은 시행착오 이야기를 전해 주는 것도 좋겠습니다. 비슷한 어려움을 겪을 때 어떤 식으로 헤쳐 나갈 수 있는지에 대한 조언은 후배들에게 큰 도움이 될 수 있습니다.

✿ **관련학과**

과학 관련 전체 학과

📰 **같이 읽으면 좋은 책**

《과학 하는 용기》(조정훈 외 | 살림Friends | 2016)

《세상의 비밀을 밝힌 과학자들》(박민규 | 빈빈책방 | 2022)

《카이스트 영재들이 반한 과학자》(오한결 외 | 살림Friends | 2015)

《사이언스툰 과학자들》(김재훈 | 휴머니스트 | 2023)

《탐정이 된 과학자들》(마릴리 피터스 | 다른 | 2021)

BOOK 40

《빛 Light: 렉처 사이언스》

김성근 외 | 휴머니스트 | 2016

국내 석학들이 들려주는
모든 것의 어머니, '빛' 이야기

카오스^{KAOS} 재단은 2015년 가을, '빛'을 주제로 진행한 우리나라 석학들의 강연과 질의 응답을 엮어 책으로 펴냈습니다. 카오스라는 이름은 '무대 위에서 깨어난 지식'을 뜻하는 'Knowledge Awakening On Stage'의 약자로, 2012년부터 연구과학자와 교수들을 초청하여 해당 분야의 최신 정보를 무대 위에서 전달하는 강연을 이어 오고 있습니다. 이러한 강연 내용을 '렉처 사이언스'라는 시리즈의 책으로 만들고 있는데,

'빛'은 그중 세 번째 책입니다.

카오스 강연의 가장 큰 특징은 최신의 연구 소식과 학문을 통합적으로 다루는 강의라고 할 수 있습니다. 지금까지 기원, 뇌, 빛, 지구, 미래 과학, 화학, 인공지능, 우주 등 다양한 과학 주제에 대해 물리, 화학, 생명과학, 지구과학, 공학, 인문, 예술 분야의 전문가들이 강연과 발표를 진행해 왔습니다. 유튜브 채널인 '카오스 사이언스(www.youtube.com/@KAOSscience)'나 카오스 재단 홈페이지를 통해서 그동안 진행된 강연과 인터뷰를 쉽게 확인할 수 있습니다. 또한, 카오스 강연 중에는 홈페이지의 게시판(라운지 〉Sci-Q)에서 질문을 받고 답변도 해주므로 참여해 보길 바랍니다.

학교 공부를 마치고 조금 더 깊이 있게 배워 보고 싶었던 적이 있나요? 솔직히 말하자면 선생님은 그런 적이 없었지만, 이 책을 볼 정도로 열심히 살고 있는 여러분이라면 있을지도 모르겠네요. 선생님도 유튜브에 올라오는 잘 정리된 과학 영상을 자주 보곤 하지만, 유튜버가 해당 분야의 전문가가 아닌 경우 자신이 잘못 이해한 사실조차 모르고 다른 사람들에게 오류를 전파할 수 있어요. 그래서 잘못된 정보를 피하려면 블로그나 유튜브보다는 책에서, 교양 서적보다는 전공 서적이나 논문에서, 그리고 가능하다면 전문가의 강의 영상으로 정보를 얻는 것이 좋아요. 그럼, 전문가는 누구일까요? 책을 쓴 저자나 강연자가 해당 전공 학과의 교수이거나 관련된 연구를 진행하는 연구원이라면 좋을 것 같아요. 그런 측면에서 카오스 강연이나 그 내용을 엮은 책들은, 일단 신뢰를 바탕으로 지식을 쌓을 수 있는 셈입니다.

이 책은 '모든 것은 빛에서 태어났다'라는 부제에서도 드러나듯이 '빛, 너의 정체는 무엇이냐(물리학)', '우리는 빛을 어떻게 인지할까?(생명과학)', '별빛이 우리에게 밝혀 준 것(지구과학)', '빛, 색을 밝히다(디자인)', '응답하라, 작은 것들의 세계여!(화학)', '빛을 열망한 예술가들(미술사학)', '자연에 없던 물질 만들기(공학)' 등 빛과 관련된 과학, 공학, 인문, 예술 분야의 다양한 주제들을 포괄하고 있습니다. 국내의 석학들이 준비한 풍부한 강연 자료와 쉽게 풀어 쓴 구어체의 문장으로 잘 정돈된 내용을 편안하게 읽을 수 있습니다.

각 강연의 끝에는 강연자와 전문가 패널들 간의 토론과 인터뷰를 담은 '사이언스 토크' 코너가 있습니다. 이 코너는 본 강연의 내용에 깊이를 더해줄 뿐만 아니라 관련 배경 지식들을 넓은 시선으로 포괄합니다. 마지막 QnA 코너에도 청중의 질문에 강연자가 답변한 내용이 잘 정리되어 있습니다.

책 속의 강연 주제는 전문 분야의 지식을 하나둘씩 포함하고 있어 조금 어렵게 느껴질 수도 있습니다. 그러나 한편으로는 교과 수준을 넘어서서 한 발짝 더 나아가고 싶은 학생들도 있을 것입니다. 혹시 그런 마음이 생긴다면 관심 있는 주제를 선택하여 더 깊이 있는 지식을 얻어 보기를 권해 드립니다.

생기부 후속 활동으로 확장하기

한국형 온라인 공개강좌 수강

책에서 알게 된 내용을 심화하여 알고 싶다면 한국형 온라인 공개강좌인 'K-MOOC'을 추천합니다. 대학교에서 진행되는 대부분의 강의를 그대로 옮겨 왔기 때문에 깊이 있고 전문적인 강의를 수강(또는 청강)하여 접할 수 있어요. 다만, 일반인을 대상으로 하는 강의가 아니다 보니 어려울 수는 있습니다. 팁을 드리자면, '생활 속의', '입문', '기초'라는 단어가 포함된 강의를 선택한다면 너무 어렵지 않은, 적절한 수준의 강의를 접할 수 있을 것입니다. 강의를 듣고 난 다음에는 강의를 통해 알게 된 내용과 그 의미를 잘 정리하여 생기부 과세특에 자신의 수월성이 잘 드러나도록 반영해 봅시다.

| 참고 사이트 |

❖ K-MOOC(www.kmooc.kr)

인문·과학·예술 융합토론회 개최

매년 4월은 과학의 달입니다. 각 학교마다 과학의 달 행사가 다양하게 진행됩니다. 여러분이 소속된 동아리원과 함께 하나의 주제에 대한 인문·과학·예술 융합토론회를 기획해서 신청해 보면 어떨까요? 다양한 성격의 동아리 친구들을 초청하여 각 동아리마다 자기 분야의 색깔이 드러나도록 주제에 대한 자료를 준비해 발표한다면 좋을 것 같습니다. 발표가 끝나면 그와 관련된 의견을 나누고, 서로의 지식을 보태 집단 지성을 추구할 수 있습니다. 단절되기 쉬운 학교 동아리 간의 소통을 증대하는 계기가 되지 않을까요? 토론회가 끝나고 발표한 자료와 질의 응답한 내용을 자료집으로 엮으면 생기부 활동 내용으로 적합할 것 같습니다. 참고로 덧붙이자면, 참여하는 동아리가 많을수록 발표 준비는 쉬워지고, 자료집은 풍성해집니다.

논문을 통한 심화 주제 탐색

책에서 관심이 가는 주제가 있었다면 그냥 넘어가지 말고, 한걸음 더 나가 보길 권합니다. 대학에서 공통적으로 원하는 인재상 중 하나가 스스로 공부할 내용을 찾아 나가는 진취적인 학생이거든요. 일단 해당 주제의 내용을 잘 이해한 후 관련된 연구 논문을 찾아서 읽어 보세요. DBpia나 Riss4U에서 논문명을 검색해서 마음에 드는 논문들을 선정하고, 구글 검색을 통해 공개된 논문들 위주로 보세요. 만약 내용이 어려워도 바로 포기하지 말고, 비슷한 주제의 논문들을 모아서 보면 서로의 내용이 보완되어 한결 이해하기 편해집니다. 자신에게 와닿는 내용이 있거나 진로 선택에 영향을 받았다면, 이를 잘 정리하여 생기부에 적극적인 태도와 역량이 잘 드러나도록 반영해 봅시다.

| 참고 사이트 |

❖ DBpia(www.dbpia.co.kr)

❖ Riss4U(www.riss.kr)

☼ 관련학과

과학 관련 전체 학과

📖 같이 읽으면 좋은 책

《화학의 미스터리》(김성근 외 | 반니 | 2019)

《빛의 물리학》(EBS 다큐프라임 제작팀 | 해나무 | 2014)

《90일 밤의 우주》(김명진 외 | 동양북스 | 2023)

《수학으로 배우는 양자역학의 법칙》(Transnational College of LEX |

Gbarin(지브레인) | 2020)

부록

고교학점제 지역별 공동교육과정 및
고교-대학 연계 프로그램

1. 지역별 공동교육과정

서울
학교 간 협력 교육과정(콜라캠퍼스)

경기도
경기 고교학점제-공동교육과정

대구
대구 공동교육과정

인천
꿈두레 공동교육과정

광주
광주광역시교육청 고교학점제 지원센터
학교 간 공동교육과정

대전
너두나두 공동교육과정

울산
울산 배나무 공동교육과정

세종
캠퍼스형 공동교육과정

강원도
꿈 더하기 공동교육과정

충청북도
충북 고교학점제 공동교육과정

충청남도
참학력 공동교육과정

전라북도
전북특별자치도교육청 공동교육과정

전라남도
전라남도교육청 고교학점제 지원센터
공동교육과정

경상북도
스마트 교육과정(공동교육과정)

경상남도	
경남참 공동교육과정	

부산	
부산광역시교육청 고교학점제 지원센터	
공동교육과정	

제주	
제주 고교학점제 온라인지원센터	
공동교육과정	

2. 고교-대학 연계 프로그램

서울	* 각 학교 공문 참조
고교-대학 연계 인재육성프로그램	

경기도	
학교 밖 학습 경험 학점화	

대구	
학교 밖 교육 연계 꿈창작 캠퍼스	

인천	
지역 연계 꿈이음 대학	

광주 꿈꾸는 공작소	* 각 학교 공문 참조
대전 고교-대학 연계 원클래스	
울산 사다리교육과정	
세종 고교-대학 연계 공동교육과정	
강원도 꿈더하기 대학연계 공동교육과정	
충청북도 지역연합형 공동교육과정 충청북도 진로교육원(대학 연계 진로체험, 마을 연계 진로체험)	
충청남도 꿈키움 프로그램	
전라북도 대학 연계 공동교육과정, 일반고-대학 연계 특강	
전라남도 꿈키움 캠퍼스	

경상북도

지역 사회와 연계한 특화 교육과정, 대학 연계 수업

경상남도

경남참 공동교육과정

부산

다*고른 캠퍼스

고교 서머 · 윈터 스쿨

제주

고교-대학 연계 프로그램

생기부 과학 필독서 40

초판 1쇄 발행 2024년 4월 15일
초판 4쇄 발행 2024년 12월 23일

지은이 방희조, 이미경, 문인정, 신유재
펴낸이 정덕식, 김재현
펴낸곳 (주)센시오

출판등록 2009년 10월 14일 제300-2009-126호
주소 서울특별시 마포구 성암로 189, 1707-1호
전화 02-734-0981
팩스 02-333-0081
전자우편 sensio@sensiobook.com

책임 편집 임성은
디자인 STUDIO BEAR
경영지원 임효순

ISBN 979-11-6657-150-3 13370